LE LIVRE DES

CONNAISSANCES INTERDITES

INRI
אדני
ΑΩ

LE LIVRE DES

CONNAISSANCES INTERDITES

C a s s i e l

Traduction de Patricia Mathieu

MINERVA

Sommaire

Published in 1990
by The Hamlyn Publishing Group Limited
a division of The Octopus Publishing Group,
Michelin House, 81 Fulham Road, London SW3 6RB

ISBN 0-600-56803-2

ISBN 2-8307-0138-0

Printed in Hong Kong

Connaissances Cachées

Tout au long de l'histoire de l'humanité, certains ont recherché les dieux de l'obscurité et les connaissances cachées qu'ils confèrent à leurs élus.

La représentation visionnaire de la Tour de Babel – « habitation de tous les démons » – et des Anges Déchus que certains considèrent comme la source originelle de toutes les connaissances interdites, par John Martin.

Le Déluge, *représenté par Francis Danby (1793-1861). Selon une légende, le déluge aurait résulté d'une recherche des connaissances interdites incluant l'accouplement des anges avec des êtres humains.*

LES ABYSSES

Lorsqu'ils atteignent l'âge adulte, la plupart des hommes se font une idée assez précise de la voie qu'ils désirent suivre dans la vie. Ils voient devant eux et leurs semblables s'ouvrir une large route, et pensent qu'en suivant ce chemin, établi pour eux par ceux qui les ont précédés, ils pourront atteindre la destination qu'ils visent.

Tous ne parviennent pas aussi loin qu'ils le souhaiteraient le long de cette route. Ils meurent jeunes, ou trouvent le voyage trop difficile et décident de l'abandonner pour passer leur vie dans un village agréable au lieu de lutter vers l'avant pour atteindre leur première destination.

Connaissances interdites et magie

Une petite minorité d'êtres humains, généralement considérés comme excentriques, étranges, voire même pervers, décident qu'ils ne veulent plus suivre cette route, ni s'arrêter où ils sont. Ils choisissent de bifurquer vers la droite ou vers la gauche, de partir dans la campagne, en suivant des petits chemins rarement utilisés et souvent oubliés.

Ce sont les chemins de la connaissance interdite, de la magie – noire, grise et blanche. Certains d'entre eux peuvent conduire vers des sommets, jusqu'à une connaissance, une sagesse et un pouvoir surhumains. D'autres ne mènent que vers les abysses, des profondeurs de dégradation et de misère que ceux qui suivent la route bien tracée ont du mal à imaginer. D'autres encore peuvent mener soit vers les sommets, soit vers les profondeurs, selon le choix que fait le voyageur lorsqu'il rencontre un croisement.

Folie ou sagesse

A propos de ces chemins, l'écrivain Charles Naudier disait :

> *La folie peut se trouver au bout, ou peut-être est-ce la sagesse suprême.*

C'est à ces chemins, et à ceux qui les empruntent, que ce livre est consacré.

LES DIEUX DES TÉNÈBRES

L'expression « Dieux des Ténèbres » fut popularisée par le romancier D.H. Lawrence.

Il voulait suggérer ainsi que de puissantes forces se dissimulent dans le subconscient de chaque être humain. Ces dieux des ténèbres, disait Lawrence, avaient été, d'une certaine manière, enterrés, mais ils vivaient toujours. Ils ont été chassés de la conscience quotidienne par le mode de vie rationnel et scientifique qui caractérise la société occidentale. Mais ils existent toujours, affirmait Lawrence, et peuvent surgir avec une terrible soudaineté.

Lawrence semble n'avoir jamais pu dire si ces dieux des ténèbres bénéficiaient d'une existence objective ou non. Autrement dit, s'il s'agit de simples produits de l'esprit humain ou si, comme il le suggéra dans son roman *Le Serpent à Plumes*, il s'agit d'entités puissantes et inhumaines qui influencent l'esprit des hommes et interviennent dans le fonctionnement de notre planète.

Une version romantique du symbole traditionnel de l'occulte appelé Pentagramme, représentée par Eliphas Levi (1810-1875), un personnage clé de la renaissance de la magie rituelle, dont les écrits concernant la magie noire comme la magie blanche étaient cependant très inexacts.

*H.P. Blavatsky (1830-1891), auteur d'*Isis Dévoilée, La Doctrine Secrète *et d'autres ouvrages traitant des connaissances cachées qui furent étudiés par D.H. Lawrence, qui popularisa « les dieux de l'obscurité ».*

La poursuite des connaissances cachées

Quoi qu'il en soit, le concept des dieux de l'obscurité est très similaire à certaines idées qui hantent ces hommes et ces femmes, passés et présents, qui consacrent leur vie à la poursuite des connaissances cachées. Les dieux de l'obscurité de Lawrence se seraient efforcés de retrouver les fonctions dont la science moderne les aurait privés. Il s'agit là d'une autre version de ce vieux mythe auquel adhèrent toujours les Lucifériens modernes – les admirateurs de Satan, en tant qu'« étoile du matin » – qui pensent que leur dieu fut privé de son rôle dominant sur terre et qu'il faut lui rendre son trône. Cela rappelle également les convictions d'Aleister Crowley (voir pages 16 à 21), peut-être le plus grand spécialiste du monde occulte de notre siècle, qui affirmait que les « dieux esclaves » (Jésus, Allah, etc.) dominaient l'humanité mais étaient voués à l'échec.

La ressemblance entre les idées de D.H. Lawrence et celles d'autres personnes qui ont utilisé la magie noire ou d'autres voies vers les connaissances interdites n'est pas une simple coïncidence.

On sait que pendant la Première Guerre mondiale, Lawrence étudia en profondeur certains des écrits de H.P. Blavatsky (1831-1891), une femme russe qui affirmait avoir reçu des enseignements secrets des Mahatmas, des êtres surhumains vivant au Tibet.

On sait aussi que pendant une période, Lawrence fut un proche de A.R. Orage, disciple de l'occultiste russe Gurdjeff. On retrouve dans le plus étrange livre de Lawrence, *Fantaisie de l'Inconscient*, de nombreuses idées qui semblent inspirées de Blavatsky, Gurdjeff et d'autres chercheurs des connaissances perdues et interdites.

Des liens curieux

Il existe des liens curieux entre D.H. Lawrence et Aleister Crowley. Les peintures de Lawrence furent exposées à la galerie Mandrake, dirigée par des disciples de Crowley. Ces mêmes disciples étaient directeurs des éditions Mandrake, qui publièrent un ouvrage consacré aux tableaux de Lawrence ainsi que certains écrits de Crowley, notamment deux tomes de ses *Confessions*. Les éditions Mandrake finirent par faire faillite, mais, auparavant, l'étrange livre de Crowley, *Les Baguettes d'Or*, avait atteint le stade de la mise en pages. Ce livre traite des connaissances interdites sous un masque de fiction.

Cet ouvrage devrait permettre au lecteur de discerner les liens qui existent entre la « magie » de Crowley (voir page 16), les dieux de l'obscurité de Lawrence et, peut-être, des êtres plus anciens et plus sombres.

Un tableau érotique de D.H. Lawrence qui fut saisi par la police à la galerie Mandrake. Cette galerie était dirigée par des amis du magicien Aleister Crowley (1875-1947), qui consacra ses Baguettes d'Or *à Lawrence et, comme lui, rechercha la sagesse cachée dans les écrits de H.P. Blavatsky.*

Du Bengale à Baltimore

Dans d'obscurs temples de banlieue, dans des chapelles de vaine observance, les adeptes de la connaissance interdite célèbrent leurs rites curieux et dangereux.

LA VOIE DETOURNEE

La quête des connaissances secrètes et interdites est universelle, et, dans chaque région du globe, on trouve des personnes si anxieuses de les découvrir qu'elles deviennent adeptes du mal et suivent délibérément les voies détournées de la magie noire et de la sorcellerie.

Mais qu'est-ce au juste que la magie noire, et en quoi diffère-t-elle de la magie blanche – s'il existe bien une magie blanche authentique ?

Magie blanche ou magie noire

La réponse évidente, que donnent de nombreux étudiants du côté caché de l'existence, ressemble un peu à ceci :

> *La magie implique le recours à des processus rituels pour parvenir à des objectifs précis. Si ces objectifs sont bons, on parle de magie blanche, et s'ils sont mauvais, on parle de magie noire.*

Une réponse assez similaire, mais pas identique, fut apportée il y a presque un siècle par l'écrivain

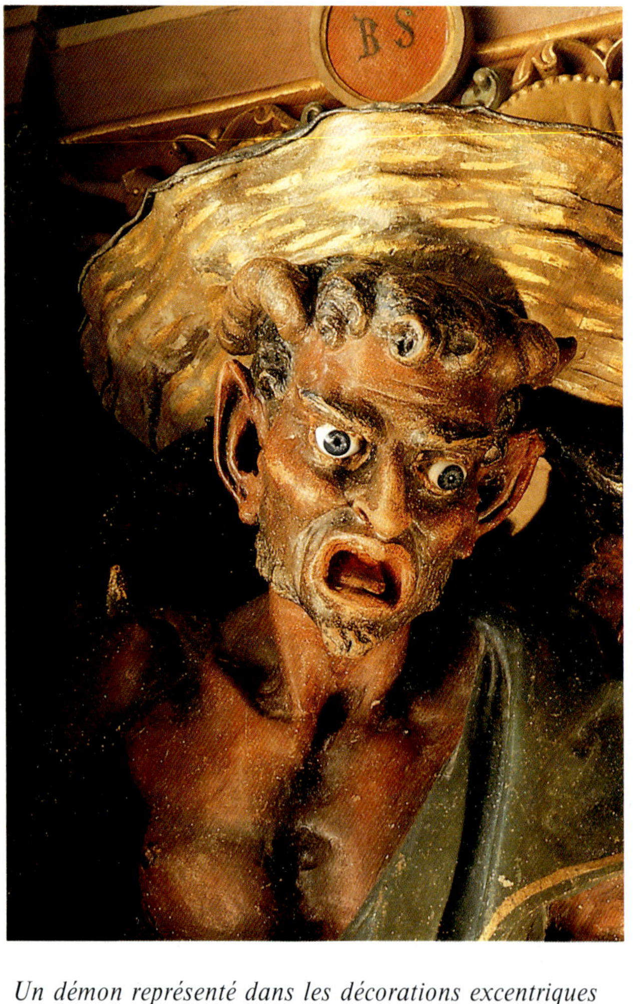

Un démon représenté dans les décorations excentriques de l'église du petit village de Rennes-le-Château. Bérenger Saunière (1852-1917), qui sculpta cette image, s'intéressait aux connaissances interdites et a peut-être pratiqué la magie noire.

Un archevêque catholique brandit un ostensoir doré contenant une hostie consacrée, que les catholiques considèrent comme la représentation du corps et du sang du Christ, lors de la fête du Corpus Christi.

A.E. Waite. Selon lui, les pratiquants de la magie noire faisaient appel à de mauvais esprits pour atteindre leur but, tandis que les adeptes de la magie blanche étaient liés aux forces du bien et de la lumière. Par la suite, Waite modifia son point de vue, pour parvenir à la conclusion que *toute* magie rituelle était soit futile, soit dangereuse, et qu'il n'existait pas réellement de « magie blanche ».

C'est également le point de vue adopté par l'Église catholique depuis le début du Moyen Age. Toute magie, à l'exception de la « magie naturelle » (l'obtention de résultats surprenants par la connaissance des propriétés secrètes des herbes, des minéraux, et d'autres substances naturelles) est de la magie noire, même si le magicien se livre à ses rites dans le but d'obtenir des résultats moralement souhaitables.

Deux types de vénération

Cette attitude catholique est dérivée d'une distinction théologique entre deux variétés de vénération appelées *dulia* et *latria.* La première signifie à peu près « respect convenable », et c'est une forme de vénération qui peut s'appliquer à n'importe quelle créature de Dieu, un ange ou un esprit, un être socialement supérieur, ou un saint, par exemple. C'est en ce sens qu'un avocat s'adresse à un juge par le terme « votre honneur ». Il lui témoigne son respect, et « l'honore » par la *dulia.* Si, en revanche, le même avocat réservait la vénération due au seul Dieu à ce magistrat, lui attribuant un honneur divin, ou *latria,* il commettrait ce qui est du point de vue catholique le plus grave des péchés, le blasphème, adorant un autre dieu et amoindrissant la souveraineté divine.

L'Église a soutenu, et soutient toujours, que le cœur de toute magie rituelle, même celle qui n'est censée concerner que des êtres angéliques, est une *latria* illégale, la vénération des créatures de Dieu. C'est la raison pour laquelle la magie rituelle est interdite : toute magie est considérée comme de la magie noire, quels que soient les motifs et les méthodes du magicien.

Cette attitude rigide n'a, au fil des années, jamais découragé certains catholiques, y compris des prêtres et des évêques, de se lancer dans la pratique de la magie. En fait, il existe au moins un ouvrage consacré à la magie qui semble avoir été conçu spécialement à l'usage de ces prêtres, car il contient des instructions qu'aucun homme non ordonné par l'Église ne pourrait mettre en application avec sérieux (voir page 110).

Il faut également reconnaître que dans certains pays – Haïti et le Brésil sont des exemples évidents – certaines personnes ont tendance à considérer le prêtre local comme doté de pouvoirs quasi-magiques pour jeter des sorts ou accorder des protections.

LES MESSES DE VAINE OBSERVANCE

Les catholiques pensent qu'à l'instant où le prêtre qui célèbre la messe prononce les paroles d'institution – les phrases utilisées par Jésus lors de la Cène, lorsqu'Il bénit le pain et le vin – la substance de ces éléments (le pain et le vin posés sur l'autel) se transforme miraculeusement pour devenir le corps et le sang du Christ. Les membres des anciennes Églises Orthodoxes de Russie et de Grèce détiennent des croyances très similaires, même s'ils affirment que ce n'est qu'au moment de l'invocation du Saint-Esprit que le changement intervient et que le Christ est effectivement présent sur l'autel.

Du point de vue des théologiens, tout cela n'a rien de magique : ce miracle quotidien est un don sacramental de Dieu, qui ne relève en aucune façon d'éventuels « pouvoirs magiques » du prêtre. Mais au fil des siècles, de nombreux catholiques ordinaires, peu habitués à ces raisonnements théologiques, ont eu du mal à établir la différence entre le prêtre et le magicien, entre les rites de l'Église et les cérémonies des arts magiques.

Il n'est pas surprenant que certains de ces superstitieux aient entrepris d'utiliser les pouvoirs prétendûment magiques du prêtre, sciemment ou non, à leurs propres fins. Ils ont par exemple essayé de convaincre des prêtres de célébrer des messes amoureuses, destinées à s'attirer l'amour ou les faveurs sexuelles d'une autre personne (voir page 46), ou encore d'inciter un prêtre à célébrer à son insu une messe dans un but qu'il ignore.

Les folles soirées d'Haïti

A ce sujet, il existe une histoire très curieuse concernant un événement qui se produisit à Haïti (voir pages 62 à 71) peu avant la Première Guerre mondiale, pendant la présidence de Nord Alexis. Il semble qu'un évêque fut persuadé par le président de célébrer des funérailles, comprenant une messe de Requiem, pour un homme qui aurait été un important responsable dans une région retirée de la république d'Haïti.

Durant la cérémonie, l'évêque prit peu à peu conscience d'une odeur extraordinaire et totalement inhabituelle émanant du cercueil dans lequel reposait cette personne – ou cette chose. L'évêque

A gauche, la tour Magdala, construite par Saunière (voir légende de l'illustration page 10) pour abriter sa bibliothèque. Il semble probable que ce prêtre très étrange ait accumulé les fonds nécessaires à cette construction en célébrant des messes de vaine observance.

décida qu'il ne pouvait s'agir de l'une des odeurs de sainteté, comme la senteur très puissante des violettes qui émana du corps de sainte Thérèse d'Avila. Il ne s'agissait pas non plus de l'odeur douceâtre et écœurante de lis en putréfaction – l'odeur de la décomposition. C'était plutôt un miasme puissant et sexuel : une atmosphère très lourde et malsaine.

L'évêque eut des soupçons et ordonna qu'on ouvre le cercueil. Il trouva à l'intérieur un occupant bien vivant : un bouc muselé. On ignore encore aujourd'hui la raison pour laquelle le président, ou sa fille, qui était prêtresse du sinistre culte des dieux du cimetière (voir page 68) auraient voulu soumettre un bouc aux rites de l'Église catholique. Il ne fait toutefois aucun doute que la magie noire était impliquée dans cette « messe de vaine observance ».

Un prêtre (ci-dessous) célèbre la messe, le sacrement lors duquel, selon les catholiques, le pain et le vin se transforment pour devenir le corps et le sang du Christ. Au fil des siècles, des « messes magiques » ont été célébrées par des prêtres indignes.

Les évêques errants

Aujourd'hui encore, des messes douteuses de ce genre sont célébrées à Londres et dans d'autres villes du monde. Les prêtres qui célèbrent ces rites ont généralement été ordonnés par un autre membre des *episcopi vagantes* (évêques errants), qui ne sont pas en accord avec Rome, mais pourraient se réclamer d'une succession authentique des apôtres.

Un prêtre consacrant le vin, vénéré par les catholiques, mais qui fut au fil des siècles souvent mal utilisé par des chercheurs des connaissances interdites dans des buts magiques, ainsi que par les adeptes de la magie noire qui prenaient plaisir à l'utiliser dans des buts dégradants.

L'OBSCURITE DE SAINT SECAIRE

L'abbaye d'Easby accueille trop de touristes, d'autres églises en ruines, hantées seulement par des créatures sauvages, sont réputées être choisies par les adeptes de la magie noire pour la célébration de la messe meurtrière de Saint Sécaire.

Les actions de saint Sécaire, ainsi que la façon dont il fut canonisé, constituent des mystères de l'histoire. Plus mystérieuse encore est la manière dont il finit par être associé à un rite de magie noire que l'on appelle la « messe de Saint Sécaire ».

Selon le folklore gascon, ce rite n'est pratiqué que par des prêtres renégats et indignes qui, dans leur quête des connaissances interdites, ont suivi la voie de la magie noire. Cette messe interdite doit être chantée dans une église déserte, fréquentée uniquement par des chauves-souris et autres animaux sauvages, et il est préférable, affirment les paysans gascons, que les fonts baptismaux de cette église soient remplis d'une eau verdâtre et stagnante dans laquelle se reproduisent les grenouilles.

La messe de Saint Sécaire

Malgré l'environnement étonnant dans lequel elle est célébrée, cette messe reprend en partie une messe de Requiem parfaitement orthodoxe – autrement dit, une messe dite pour le repos d'une âme disparue. Toutefois, si cette messe est assez ordinaire dans sa forme, il s'agit malgré tout d'un rite mutilé et blasphématoire, car elle est dite à l'envers pour un homme ou une femme *vivant*, le célébrant désirant que cet homme ou cette femme bénéficie rapidement de la paix de la tombe. En d'autres termes, le célébrant de la messe de Saint Sécaire est un meurtrier par l'intention.

Il est peu probable qu'à l'époque actuelle un prêtre catholique en accord avec Rome se prête à une messe dite dans un but meurtrier, mais on raconte des histoires curieuses concernant certains prêtres qui officient dans l'univers sombre des *évêques errants* (voir page 13).

La célébration d'un rite dont l'intention est de tuer est abominable ; un meurtre rituel, destiné à obtenir des pouvoirs magiques, est pire encore. Pourtant, certains meurtres perpétrés au siècle dernier ressemblent, comme ceux qui furent commis par Gilles de Retz il y a plus de 500 ans (voir page 40) à des sacrifices rituels aux dieux obscurs de la magie noire.

« Jack l'éventreur »

On a ainsi suggéré que les meurtres en série commis à l'est de Londres à l'automne 1888 par « Jack l'éventreur » auraient pu être en réalité des sacrifices sanglants accomplis par un occultiste sinistre qui se faisait appeler « Tautriadelta », et dont le véritable nom était Robert Donston Stephenson (né en 1841).

Même pendant son enfance, Stephenson était, selon ses propres mots :

> *passionné par tout ce qui se rapporte à... la sorcellerie et qui est communément appelé science occulte.*

Cet intérêt persista et, au début de 1863, il fut admis dans ce qu'il appelait la « Loge Hermétique d'Alexandrie » où, de sa propre admission, il se livra à une étude approfondie de la littérature consacrée à la magie noire. On ne peut retenir son affirmation selon laquelle son tuteur dans les arts interdits aurait été Lord Lytton, mais il parcourut le monde dans sa jeunesse et il semble probable qu'il eut l'occasion d'assister à des rites magiques en Afrique et aux Antilles.

Les preuves qui lient Tautriadelta aux meurtres de Jack l'éventreur sont trop complexes pour être décrites ici, et le lecteur intéressé devra se référer à l'ouvrage intitulé *Jack l'éventreur*, écrit par Melvin Harris en 1987.

M. Harris ne fut pas le premier à affirmer que Stephenson était l'éventreur : cet honneur revient à Aleister Crowley.

« Jack l'éventreur », dont les meurtres de prostituées perpétrés à l'automne 1888 déroutèrent la police de Londres (voir à droite) était sans aucun doute un sado-masochiste. Il est également possible, comme l'affirma Melvin Harris en 1987, qu'il ait été en quête des connaissances interdites et se soit égaré sur la voie de la magie noire. Il aurait alors commis des meurtres rituels dans l'espoir d'obtenir ainsi des pouvoirs magiques. Des tendances sado-masochistes similaires, mais bien moins probables, auraient été décelées par certains psychanalystes dans les pratiques religieuses des pénitents masqués de Séville (ci-dessus).

LES SECRETS DES BANLIEUES

Le 17 juillet 1989, l'une des principales chaînes de télévision indépendantes de Grande-Bretagne diffusa une édition spéciale du *Rapport Cook*, une émission normalement consacrée aux problèmes des consommateurs, à propos de la possible implication des adeptes de la magie noire et des cultes sataniques dans des crimes sérieux.

Durant cette émission, une photo d'Aleister Crowley (1875-1947) passa rapidement à l'écran. Il portait la tenue traditionnelle des adeptes de l'occulte, que certains peuvent considérer comme sinistre et d'autres comme plutôt comique, et le commentaire le décrivait comme le « grand prêtre du satanisme en Grande-Bretagne ».

Aleister Crowley semble ne jamais avoir vraiment su s'il désirait être un maître de la magie ou un gentleman anglais. Ce dernier trait ressort de manière évidente dans cette pose sur la fin de sa vie : toutefois, sa canne aurait été investie de pouvoirs occultes.

La grande fraternité blanche

L'accusation précédente serait niée avec indignation par la grande majorité des admirateurs et des imitateurs actuels de Crowley. Ces personnes, qui se livrent à leurs activités occultes individuellement ou en tant que membres de différents groupes concurrents, pensent que Crowley pratiquait la magie blanche, et que c'était un magicien d'importance suprême.

Il aurait été un messager de la Grande Fraternité Blanche, une alliance d'êtres surhumains qui sont les dirigeants secrets de la planète et dont la seule préoccupation est le bien-être de tous les êtres vivants en général, et de l'humanité en particulier. Ses admirateurs croient que Crowley serait lui-même devenu membre de cette Fraternité, au titre de « chef secret », après avoir subi un certain nombre d'expériences mystiques par l'utilisation de rites occultes et d'autres procédures liées aux connaissances interdites.

La « magick » d'Aleister Crowley

Les disciples de Crowley souhaitent suivre la voie ouverte par le maître. Dans des « temples » secrets de banlieue, qui ne sont rien de plus que des pièces ordinaires adaptées aux pratiques occultes, ils se livrent aux cérémonies et aux rites d'initiation qui font partie intégrante du système Crowley très complexe. Crowley lui-même avait appelé ce système « magick ». Le « k » final de ce mot avait – et a toujours – une double signification. Il distingue le système de Crowley des autres variétés de magie, ainsi que de la « magie » des illusionnistes. Par ailleurs, ce « k » symbolise le mot grec *kteis*, que prononcent souvent les adeptes de Crowley avec éloges, comme « l'un des deux instruments les plus importants et les plus sacrés de la magie ».

D'une manière générale, à l'époque où les Romains dirigeaient le monde de langue grecque du côté oriental de la Méditerranée, le mot *kteis* représentait l'ensemble des organes sexuels de la femme : grandes lèvres, clitoris, vagin et utérus.

Aleister Crowley à l'âge de 47 ans, saluant le dieu Égyptien Ra par une invocation commençant ainsi : « Salut à Toi qui es Ra dans ton élévation... » Le texte de cette invocation de Crowley figure, entre autres, dans son livre : Liber IV, partie 3.

Cela signifie que, pour un Chrétien orthodoxe, la « magick » de Crowley et de ses disciples n'est pas aussi blanche qu'on veut le faire croire. Certains Chrétiens la considéreraient même comme grise, mais la plupart diraient qu'il s'agit bel et bien de magie noire.

Il semble que par moments Crowley lui-même ait eu quelques doutes quant à la teinte de sa magie, et, dans les années 1920, il inscrivit dans son journal une note curieuse :

Je suis peut-être un magicien noir, mais j'en suis un très fort.

Il est possible qu'en rédigeant ces mots Crowley ait cherché à se taquiner lui-même : il avait l'habitude de taquiner et d'insulter ses amis et ses adeptes les plus proches, de sorte qu'il considérait peut-être comme une forme d'auto-discipline de s'insulter parfois lui-même.

Comme nous le verrons plus tard Crowley se livrait apparemment à des rites sataniques.

LA BEAUTÉ HIDEUSE

Rien ne s'apparentait au satanisme ni à la magie noire dans les premières incursions d'Aleister Crowley dans l'univers des connaissances interdites. Pourtant, même pendant son adolescence, il existait des signes avant-coureurs des étranges aventures qui allaient remplir sa vie et convaincre beaucoup de ceux qui connaissaient la véritable nature de ses activités, qu'il pratiquait, en réalité, la magie noire.

Crowley est né en 1875, de parents dont les convictions religieuses fondamentalistes étaient proches du fanatisme, et qui étaient des membres actifs d'un groupe Protestant extrême appelé « Le Cercle Fermé » ou « Les Frères de Plymouth ».

Ces Frères de Plymouth, dont les origines se situaient en Irlande, étaient et sont toujours des Chrétiens très stricts et étranges. C'est ainsi qu'ils considèrent Noël comme un rite païen, le Pape comme l'ante-Christ, et qu'ils estiment que les rites de l'Église d'Angleterre sont de nature essentiellement diabolique. Leurs enfants sont élevés d'une façon très stricte, et les enseignements des Frères, notamment la doctrine de l'inspiration totale des écritures, s'effectuent dès un très jeune âge. Rares sont ceux qui se sont rebellés contre cette endoctrination des enfants. Mais certains de ceux qui l'ont osé – en particulier Haigh, célèbre dans l'histoire criminelle anglaise sous le nom de « l'assassin aux bains d'acide » – ont atteint la notoriété.

La bête 666 et Babylone

La rébellion survint chez Crowley au moment de l'adolescence, quand il découvrit les plaisirs du poker, des cigares, de l'alcool et, surtout, du sexe. Finalement, sa mère et son oncle (son père était mort quelques années plus tôt) découvrirent la nature des activités de Crowley. Il était sans doute assez naturel d'exprimer un choc et une certaine horreur, mais la réaction de la mère de Crowley fut très excessive. Au lieu d'en conclure simplement que son fils avait succombé aux tentations du monde et de la chair, elle décida qu'il s'agissait d'une intervention du diable. Elle alla même plus loin, en affirmant que son fils *était* le diable, la « bête 666 » de l'*Apocalypse de St Jean*, le dernier livre du Nouveau Testament.

Le jeune Crowley accepta cette identification et l'adopta comme l'un des brins constituant la corde à nœuds de sa « magick ». Il était convaincu que son avènement avait été prophétisé dans *l'Apocalypse*. Il était la bête 666, le compagnon de cette beauté hideuse, la Femme Écarlate, « Babylone » : il était « la monture qu'elle chevauchait ».

Crowley employait souvent des « armes magiques » : des ustensiles occultes symbolisant son contrôle sur les éléments et les autres esprits. Parmi ces ustensiles, il y avait des dagues, des coupes, des épées et des bâtons consacrés. Ce bâton (à droite) qu'il utilisa vers la fin de sa vie, est en fer forgé lourd et dur. Crowley préférait généralement les bâtons plus légers, en bois d'amandier.

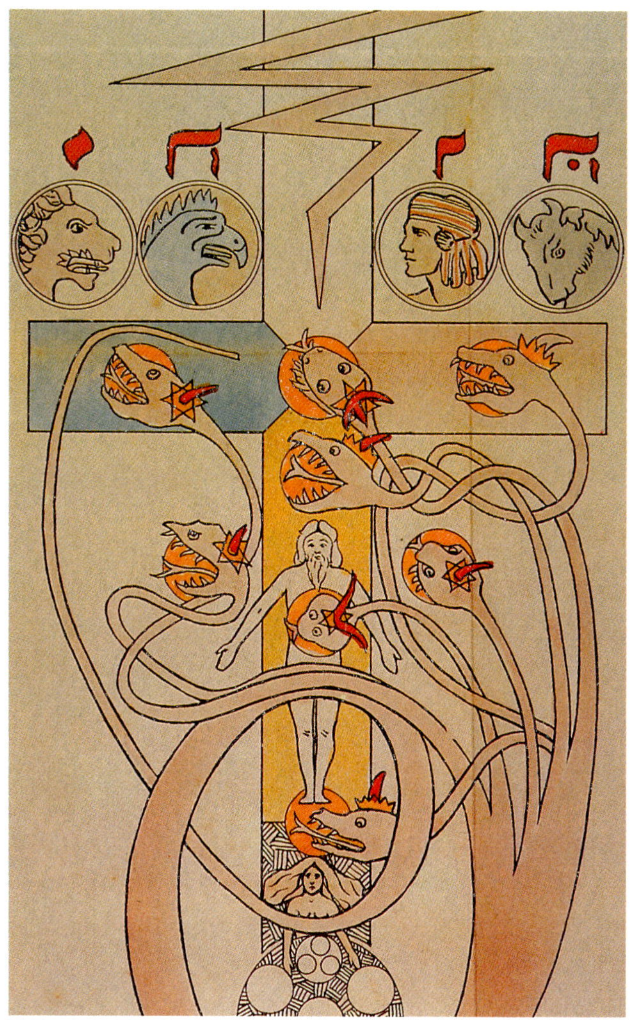

Un tableau, inspiré d'un diagramme utilisé dans les cérémonies d'initiation de l'Ordre de l'Aube d'Or, où Crowley reçut son initiation en 1898. Les têtes de serpents sont celles du glipoth, *les forces du mal de la tradition mystique.*

Un dessin utilisé dans les cérémonies de l'Aube d'Or pour illustrer le concept mystique qu'ont ses chefs du « Jardin d'Eden avant la Chute ».

L'Ordre hermétique de l'Aube d'Or

Avant que Crowley ne développe cette doctrine, il avait apprécié et supporté de multiples aventures, magiques et autres. Il avait été initié en 1898 dans un ordre de magie blanche, l'Ordre Hermétique de l'Aube d'Or, et avait appris beaucoup auprès de ses membres dirigeants.

Crowley avait étudié le yoga en Inde, à Ceylan et en Birmanie. Il avait expérimenté les drogues psychédéliques, cherchant à découvrir une substance qui « libérerait l'esprit de ses gaines », et par là-même à explorer, par l'esprit, des mondes situés au-delà de ceux de la matière. Il avait passé une nuit dans la Chambre du Roi de la Grande Pyramide d'Égypte. Et avait reçu un message venant soit, des dieux, soit, comme le penseraient par la suite les Chrétiens, du diable.

Le messager qui lui délivra cette révélation était un esprit appelé Aiwass ou Aiwaz : ces orthographes différentes ont une signification trop complexe pour que nous l'explorions ici. Finalement, Crowley crut que cet être était son « ange gardien » et *devait être identifié au diable des Chrétiens, Satan.*

Un dessin fait par un ancien disciple de la « magick » de Crowley, le général F.C. Fuller, et destiné à orner un temple projeté, mais jamais construit.

L'AMOUR – LA MORT

Eros et *Thanatos*, les dieux respectifs de l'Amour et de la Mort, furent les deux mots clés de la vie d'Aleister Crowley – de la magie qui remplit sa vie – et de la révélation qu'il est supposé avoir reçue au Caire.

Le Livre de la Loi

Cette révélation, que Crowley affirmait avoir notée mot pour mot, faite par Aiwass (voir page 19) fut par la suite publiée sous le titre de *Liber AL vel Legis*. Littéralement, cela signifie « Livre AL ou de la Loi », et ce « livre », qui est en fait un poème en prose comportant trois brefs chapitres, est généralement appelé le *Livre de la Loi.*

Il est possible, comme le pensent certains Chrétiens, que le Livre de la Loi soit d'origine infernale, et que son véritable auteur soit le Prince des Ténèbres ; il est également possible qu'Aiwass ait été un authentique « messager des dieux », établissant une doctrine destinée à être acceptée par toute l'humanité. C'est ce qu'affirment les partisans de Crowley, mais, s'ils ont raison, les dieux qui domineront les 2000 prochaines années de l'histoire humaine sont bien obscurs en effet – car leur message parle de « Force et de Feu » et leur messager, Aiwass, fut identifié par Crowley au moins dans l'un de ses livres privés avec « Shaitan », autrement dit, Satan.

Aujourd'hui, la plupart des gens n'accepteraient pas la véracité des deux possibilités exposées ci-dessus. Ils supposeraient le *Livre de la Loi* de n'être qu'une fraude, une sorte de faux nouvel évangile forgé par Crowley pour atteindre ses buts personnels ; peut-être penserait-on aussi que l'origine de ce livre se trouve dans l'inconscient de Crowley, que l'on peut le considérer comme un résumé des connaissances interdites qu'il acquit au fil de ses lectures de livres et de manuscrits obscurs et de ses recherches et expériences sur le monde occulte entre 1898 et 1904.

Cette dernière supposition semble la plus plausible. Il y avait en Crowley, comme en de nombreux célèbres occultistes, une part de charlatanisme, mais il ne fait aucun doute qu'il croyait sincèrement que le *Livre de la Loi* était une authentique révélation. Il consacra des années à l'étude de la moindre virgule et au titre du manuscrit. Il était capable d'actions frauduleuses, mais il croyait aux enseignements des trois chapitres constituant la révélation d'Aiwass, au point qu'il y consacra toute sa vie.

Un dessin prétendument inspiré par A.O. Spare, ancien initié de l'ordre magique de Crowley. Spare créa ensuite son propre système occulte, aux fortes connotations sexuelles et qui impliquait — disait-il — la copulation avec des entités non-humaines.

Le frontispice d'une édition suisse du Canon de la Messe de « l'Église Catholique Fantôme », une organisation dirigée par Crowley. En 1947, des extraits de cette messe furent lus à haute voix lors des obsèques de Crowley.

Mort et érotisme

Les aspects de la mort dans l'évangile du *Livre de la Loi* ressortent de façon typique dans les versets suivants, extraits du dernier chapitre du livre :

> *9. Cache-toi ! Retire-toi ! Sur eux ! Telle est la Loi de la Bataille de Conquête : telle sera ma vénération...*
> *11... Vénère-moi avec le feu et le sang ; vénère-moi avec des épées et des piques...*
> *12. Sacrifie du bétail, petit et gros ; après un enfant.*

Il faut préciser, au sujet de ce dernier verset, que Crowley lui-même ne sacrifia jamais de bétail ni, au sens littéral de ce mot, « un enfant ».

Les aspects érotiques et orgiaques de l'évangile de Crowley sont plus apparents dans le second chapitre du livre :

> *22. ... Pour me vénérer, prenez du vin et d'étranges drogues... et enivrez-vous-en ! Ils ne vous feront aucun mal... Sois fort, O ! Homme ! Désire, apprécie toutes choses des sens et du plaisir ; ne crains pas qu'un Dieu te renie pour cela.*

Satanique ? ... et certainement démoniaque.

BARRER LES ROUTES

On ne sait toujours pas précisément si Aleister Crowley était adepte de la magie noire, comme le pensent la plupart des Chrétiens, ou de la magie blanche, comme l'affirment avec confiance ses disciples actuels, les Enfants de Baphomet (voir page 140). Il ne fait cependant aucun doute qu'il existe aujourd'hui des adeptes de la magie noire, qui se reconnaissent comme tels. Ce sont des hommes et des femmes qui, soit par désir de soutirer de l'argent à leurs clients, soit par envie de suivre le mal pour lui-même, sont prêts à utiliser des procédures occultes pour blesser, voire même tuer, leurs victimes.

Un pseudo-occultiste

Certains de ces «magiciens» sont sans aucun doute des imposteurs qui ne croient pas vraiment à la magie, mais prétendent posséder des pouvoirs magiques et des connaissances interdites pour gagner de l'argent. L'un d'eux, un pseudo-occultiste de quatre-vingt-un ans, sourd et boîteux, semble avoir dirigé une entreprise de sortilèges d'amour et de mort distribués par courrier. Il témoigna devant un tribunal anglais en 1989, reconnaissant avoir vendu un «kit de mort» à un couple pour 25 livres, mais précisa que la «terre de cimetière» qu'il contenait avait en fait été prélevée dans son propre jardin, et qu'il ne croyait pas vraiment à l'efficacité de ses sorts. Le juge, avec un admirable bon sens, le décrivit comme un vieillard gâteux et ajouta qu'il ferait mieux d'enfourcher son balai le plus vite possible pour retourner chez lui, à Bristol.

Victime de la magie noire

La plupart des pratiquants de la magie noire croient pourtant en leurs pouvoirs et de nombreuses anecdotes racontées par les victimes de ces sorciers prouvent que leurs sorts peuvent vraiment causer du mal.

Un bon exemple est fourni par David St Clair dans son livre *Glas et Chandeliers* publié en 1972.

M. St Clair, un Américain qui vivait à Rio de Janeiro où il écrivait, rencontra soudain une étonnante série de malchances. L'argent qu'il attendait ne lui parvint pas, des difficultés légales surgirent à propos d'un héritage, sa petite amie le quitta, ses vieux amis se désintéressèrent de son sort et, pour terminer, il contracta la malaria.

Dans un premier temps, M. St Clair attribua toutes ces petites et grosses calamités à une simple coïncidence, mais, finalement, il commença à penser qu'il était peut-être victime de la magie noire. En effet, deux médiums, pratiquant tous deux le spiritisme brésilien, lui avaient parlé de cette magie, et l'un d'eux précisa que «les routes lui étaient barrées» par la sorcellerie, tandis que l'autre, plus précis, lui affirma que c'était sa bonne, une

Une statuette (ci-dessus) datant de l'époque de la Révolution Française, mais presque certainement inspirée des images du «Sauveur du Monde» représentées sur les pierres gnostiques de la fin de la période classique. Certains groupes occultes brésiliens identifient ce «sauveur» à l'organe reproducteur mâle et ses prétendus pouvoirs magiques. Des croyances similaires étaient affirmées par le disciple de Crowley, J.F.C. Fuller, qui sont symbolisées dans ce tableau ésotérique, à droite.

jeune fille nommée Edna, qui s'acharnait contre lui. Cet informateur médium lui expliqua que, chaque semaine, Edna prenait un vêtement de M. St Clair qu'elle apportait pour assister à la célébration d'un rite de magie noire, où le vêtement était enterré lors de la cérémonie, tandis que les participants entonnaient des « incantations contraires ». De plus, ajouta ce médium, Edna versait souvent dans ses repas une dangereuse potion occulte, une « poudre de barrage ».

Les curieuses circonstances dans lesquelles ce sort fut soulevé sont décrites par ailleurs dans ce livre (voir page 73). L'important est de se souvenir que M. St Clair fut soit une victime de la magie noire, soit, peut-être, de sa propre croyance inconsciente en la magie noire.

Les anciennes sorcelleries

Autrefois comme aujourd'hui, les initiés de mystères peut-être sinistres recherchaient la sagesse obscure des entités non-humaines.

LA TETE DE SERPENT

Dans l'ancienne Mésopotamie, magie et religion n'étaient jamais vraiment dissociées. En fait, l'un des dieux vénérés, Ea, était décrit comme « le grand magicien des dieux ».

Tout occultiste pratiquant de l'époque actuelle qui cherche à découvrir les secrets de ce magicien divin en évoquant son apparence visible » doit se préparer à une vision très désagréable. En effet, Ea est décrit en ces termes dans une incantation mésopotamienne :

La tête est celle d'un serpent,
De ses narines coule du mucus...
Les oreilles sont celles d'un lézard,
Ses cornes sont torsadées en trois boucles...
Le corps est celui d'un poisson-soleil plein d'étoiles,
Les bases de ses pieds sont des pinces...
Son nom est Sassu-Wunnu,
Un monstre des mers, une forme d'Ea.

Un tel tableau rappelle certaines descriptions des démons données dans les *grimoires* (voir page 104), mais Ea, dieu des Profondeurs, était un dieu. Dans un sens, tous les dieux de Babylone étaient des démons, des créatures terrifiantes que les prêtres-magiciens pouvaient convaincre d'utiliser leurs pouvoirs démoniaques pour exorciser les démons plus petits qui infligeaient aux hommes maladies et malheurs.

L'Ashipu et le Mashmashu

Les prêtres-magiciens se divisaient en deux catégories : les Ashipu et les Mashmashu. Les premiers étaient principalement utilisés pour guérir les maladies provoquées par des démons qui, soit par esprit du mal, soit parce que des sorciers les y incitaient, auraient infligé des maladies à des innocents. Les Mashmashu, ou « purificateurs », s'occupaient moins de magie.

Ea, le « magicien des dieux » de Mésopotamie, est représenté sous une forme agréable sur ce sceau akkadien datant d'environ 2 300 avant J.C. Ea est le deuxième personnage à partir de la droite. A sa gauche se trouve Shamash, le dieu du soleil, qui a acquis une position importante dans l'idéologie d'un groupe occulte du vingtième siècle, le Temple de Cromlech.

Pour les Mésopotamiens, il n'existait pas de mort naturelle : toute maladie résultait d'une intervention démoniaque et il existait des incantations et des rites spécifiques pour les contrer. L'un d'eux utilisait les mots suivants :

Si les morts continuent à apparaître... Pour chasser les morts, mélangez du vinaigre à de l'eau de rivière, de l'eau de puits, de l'eau de mundu (note de l'auteur : peut-être s'agit-il d'eau de pluie, mais la signification est incertaine) *et de l'eau de fossé. Vous prendrez une corne de bœuf, et vous lèverez la corne dans votre main droite et une torche dans la main gauche, en disant : « Mon Dieu, tourne-Toi vers moi. Ma déesse, regarde-moi. Laissez vos cœurs irrités se calmer; laissez votre colère s'apaiser; établissez le bien-être pour moi. »*

Telle était la magie blanche de l'ancienne Mésopotamie. Il y avait aussi, comme aujourd'hui, des magiciens noirs et des sorciers qui opprimaient l'humanité. Leurs méthodes favorites étaient la magie de l'image et la magie du crachat.

Une ruine, sans doute une structure utilisée pour des techniques et des rites astrologiques et magico-religieux, dans la ville évoquée dans l'Ancien Testament sous le nom « d'Ur de Chaldée », située en Mésopotamie, dans ce qui est devenu l'Irak. Selon une légende, les connaissances cachées des aspects les plus obscurs du cabalisme ont pour origine l'ancienne ville d'Ur.

Un démon emportant une âme damnée, représenté dans une fresque italienne datant du début du seizième siècle. La démonologie de cette époque était une synthèse christianisée d'une légende juive dérivée de l'ancienne Mésopotamie et des croyances populaires de la Renaissance.

Magie de l'image – magie du crachat

La magie de l'image, encore utilisée de nos jours, implique que le sorcier fabrique une figurine représentant la victime choisie, en l'identifiant à cette personne par l'utilisation de sorts, avant de la détruire, généralement par le feu. La victime comme le sorcier pensaient que cela assurerait la maladie, et finalement la mort, de la victime de la magie noire. Quant à la magie du crachat, il s'agissait simplement de cracher sur le sol à l'endroit où la victime marcherait; dès que celle-ci posait le pied sur le crachat, le magicien la contrôlait. Fort heureusement, il existait des moyens de contrer cette sorcellerie : l'un de ces sorts était même censé donner un teint verdâtre au magicien et le faire tourner sur lui-même comme une toupie.

Parmi les démons monstrueux qui affectaient le peuple de Mésopotamie, il y avait « la Goule » et « l'Empoigneur » – Lamashtu et Lilith. Ce dernier nom devint ensuite le sujet d'un grand nombre de légendes occultes juives.

LA MULTIPLICATION DE LILITH

Un grand nombre des légendes existant dans le *Livre de la Genèse* de la Bible sont d'origine Mésopotamienne. L'histoire de l'Arche de Noé, par exemple, ressemble à une révision monothéiste d'un mythe du déluge en Mésopotamie, où cinq dieux étaient impliqués.

Le véritable nom de la diablesse Lilith (voir page 25) ne se trouve pas dans la Bible, mais elle était très redoutée par les anciens Hébreux et il s'agit de « l'orfraie » mentionnée dans le Livre d'Esaïe, chapitre 34, verset 14 : « ... et le chevreuil criera à son compagnon ; là même se reposera l'orfraie et elle y trouvera du repos. » Il est probable que l'expression « ce qui effraie pendant la nuit », évoquée dans le Psaume 91, v. 5, fait également référence à Lilith.

La naissance de « lilim »

Selon une légende juive, très répandue au Moyen Age, Lilith – créée par Dieu avec de la poussière avant la création d'Eve – fut la première femme d'Adam et elle lui donna des enfants démoniaques. Après s'être rebellée contre les règles maritales imposées par Adam – son grand péché, pour Adam, aurait été qu'elle voulait se trouver au-dessus de lui pendant la copulation – elle s'enfuit sur les rives de la mer Rouge où, à la suite de rencontres sexuelles avec des démons, elle donnait naissance chaque jour à plus d'une centaine de démons, les *liliot* ou *lilim*.

Lilith et Lucifer (à gauche), un tableau de Fay Pomerance, une artiste qui s'est inspirée des personnages légendaires. Lucifer, littéralement le « porteur de la lumière », est dans la tradition chrétienne identifié à Satan, l'adversaire de Dieu. Les initiés de certains cultes obscurs le vénèrent et l'invoquent comme le Seigneur de la Sagesse Obscure qui peut transmettre des connaissances interdites à ses disciples. Selon la légende talmude, Lilith fut la première femme d'Adam, et les premiers Chrétiens l'identifiaient au Lamia serpentin des légendes anciennes, dont une représentation de la fin de cette époque est reproduite ci-dessous.

Les vampires sexuels, ou « lamia »

Il est significatif que le mot décrivant Lilith dans la citation précédente d'Esaie fut traduite dans le Vulgate – la version latine des écritures en Grec et en Hébreu faite par St Jérôme – sous le nom de *lamia*. Dans le folklore ancien, le *lamia* était une sorte de vampire sexuel, qui vidait les hommes non seulement de leur sang, mais aussi de leur énergie, notamment leur énergie sexuelle. Dans ce contexte, il est intéressant de noter que le *lamia* de la Grèce antique et de Rome avait de nombreux points communs avec le vampire tel que le conçoivent des magiciens modernes comme le Dr Berridge et Dion Fortune (voir page 134).

Les enfants de Lilith – les *lilim* – se seraient livrés à des activités similaires à celles du *lamia*. Ils se manifestaient aux hommes pendant la nuit sous les traits de femmes séduisantes, faisaient l'amour à leurs victimes, et les laissaient dévitalisées. Une autre similitude entre les *lilim* et le *lamia* réside dans le fait que tous deux s'attaquaient aux enfants, les premiers en « aspirant leur souffle », et le second en dévorant leurs entrailles.

Les idées associées au concept des *lilim* semblent s'être mêlées au folklore grec et romain à la fin de l'Empire Romain pour se transformer en une croyance chrétienne en des créatures appelées *strigiles*.

Il s'agissait d'oiseaux dotés de seins de femme, remplis de lait toxique, qu'ils donnaient aux enfants abandonnés, afin de les détruire. Ils pouvaient aussi, comme les *lilim*, se transformer en vampires femelles et dévorer sexuellement leurs victimes mâles.

Il est intéressant de constater que, comme Lilith, les *strigiles* étaient identifiés à l'orfraie. Leur réputation semble avoir survécu jusqu'à une époque relativement récente ; en effet, un terme anglais du seizième siècle employé pour qualifier un individu prétendûment ensorcelé disait qu'il était « anéanti par l'orfraie ».

Lilith elle-même a acquis une certaine importance dans les cultes modernes que la plupart des gens considéreraient comme sataniques ou tout au moins, consacrés à l'étude des connaissances interdites et à la pratique de rites douteux : on trouve même aujourd'hui aux États-Unis un « Temple de Lilith ».

LA PISTE DU SERPENT

A l'époque moderne, de nombreux magiciens ont été pratiquement obsédés par la supposée sagesse occulte de l'ancienne Égypte. C'est ainsi qu'Aleister Crowley faisait de nombreuses références à la mythologie égyptienne dans ses volumineux écrits, et que son ouvrage *Liber AL* (voir page 20) est pratiquement incompréhensible pour qui n'a pas une certaine connaissance de la terminologie utilisée par les égyptologues de la fin du siècle dernier. Il ne fait aucun doute que les anciens Égyptiens se livraient à la pratique de la magie.

Une représentation de Bès en terre cuite : le dieu nain égyptien associé à la chance, à l'amour et au mariage, ainsi qu'à l'art de la danse. Bès aurait donné des visions à ceux qui lui demandaient conseil, et des papyrus portent les formules magiques permettant d'obtenir ces visions.

Les sorciers et la magie de l'image

Les sorciers, comme dans l'ancienne Mésopotamie, utilisaient la magie de l'image et s'alliaient à des démons. La magie de l'image était particulièrement élaborée et populaire : c'est ainsi qu'une représentation en cire d'un crocodile pouvait non seulement être liée par la magie à tous les crocodiles en général, mais être temporairement transformée en un véritable crocodile, et sous cette forme, dévorer son ennemi. Il reste certains témoignages de l'utilisation de la magie de l'image : par exemple, un compte rendu officiel de la punition infligée à certains conspirateurs contre Ramses III, qui avaient fabriqué des statuettes de cire le représentant, ainsi que d'autres dieux, dans l'intention de le tuer.

Bès, généralement représenté sous les traits d'un nain, était le dieu égyptien de la chance, de l'amour et du mariage. On lui attribuait le pouvoir de donner des visions, sans doute sous forme de rêves, à ceux qui demandaient son aide. Cette aide portait généralement sur des problèmes d'amour non récompensé ou de malchance résultant soit de la colère d'un être surhumain, soit des sorts d'un magicien noir utilisant la magie de l'image.

L'encre magique

Une technique magique pour obtenir une vision informative de la part de Bès est exposée en détails sur un papyrus qui a survécu et se trouve aujourd'hui au British Museum.

Le magicien devait d'abord préparer une encre spéciale en utilisant une recette plus compliquée que tout ce que l'on trouve dans les *grimoires* (voir page 104). Il mélangeait du sang de vache et du sang de pigeon et y ajoutait de l'encre ordinaire, du jus de mûre, de l'encens, de la myrrhe, de l'eau de pluie, du sulfate de mercure et du jus d'armoise et de vesce. Avec cette encre, il dessinait une représentation stylisée de Bès sur sa main gauche, et sur le papyrus, il écrivait la question à laquelle il désirait une réponse, tout en récitant une incantation (voir page 106). Cette incantation a été traduite ainsi :

Envoie le voyant sincère hors du mausolée saint... Lampsuter, Sumarta, Baribas, Dardalem, Iortex... Anuth, Anuth, Salbana, Chambre, Breith... Venez cette nuit même.

Le voyant prenait alors une bande de tissu noir qui avait été consacré à Isis, en enroulait une extrémité autour de sa main gauche et l'autre autour du cou, et se retirait pour dormir. Pendant la nuit, Bès lui apparaissait en rêve et répondait à sa question.

Ce procédé était assez compliqué, mais, en essence, il ne s'agissait que d'un rite de magie folklorique, très semblable à certains rites européens qui ont survécu jusqu'à une époque récente (voir pages 34 à 37).

Comparée aux pratiques occultes de l'Égypte ancienne, la magie de la Grèce antique était par certains aspects plus complexe.

Les dieux de la mythologie, mi-animaux, et les créatures associées aux signes du zodiaque et autres constellations visibles dans l'hémisphère nord. La réintroduction au douzième siècle des dieux de l'antiquité classique en Europe occidentale, sous le masque de « démons du zodiaque », a exercé une influence importante sur la magie rituelle.

HECATE

Hecate était une déesse-brebis grecque, reine de la magie obscure et patronne des très redoutées Sorcières de Thessalie. Il s'agissait, selon tous les témoignages, d'un terrifiant groupe de femmes auxquelles le folklore de la Grèce antique attribuait des activités étonnantes, telles que la transformation des hommes en animaux ; on disait aussi qu'elles dévoraient le nez des cadavres dont on ne s'occupait pas. Ces sorcières, ainsi que d'autres disciples de la Reine des Sorcières, offraient des sacrifices à leur déesse : du miel et, moins innocemment, du sang de chien et d'agneaux noirs.

La Thessalie, le centre de la magie noire et de la sorcellerie en Grèce, avait une très étrange réputation parmi les citoyens de l'Empire Romain. Une description à demi-satirique en fut donnée par Apuleius, un écrivain qui avait lui-même été accusé de sorcellerie. C'était un initié des Mystères d'Isis, qu'il considérait comme une religion de lumière et, par conséquent, l'antithèse des cultes obscurs d'Hecate. Apuleius écrivit à propos de la Thessalie :

...même les pierres de la rue m'ont semblé être des hommes ensorcelés... Je me persuadai que les statues et les bâtiments pouvaient bouger ; que... des bêtes sauvages pouvaient parler et faire des présages étranges...

Magie de la mort

La haine et le désir, deux des forces essentielles qui inspirent la magie noire, passée et présente, inspirèrent également une bonne part de la sorcellerie en Grèce. La magie de l'image, identique à celle qui était pratiquée en Mésopotamie et en Égypte, était employée pour blesser et tuer des ennemis. Une variante de cette méthode faisait intervenir de petits carrés ou des disques de plomb. Le nom de la victime y était inscrit, et après qu'un clou l'eut traversé, on l'enterrait dans une tombe ou un autre endroit. Il arrivait aussi que l'on grave un sort sur la petite plaque de plomb, nommant la victime et

implorant l'aide d'une divinité quelconque, avant de la jeter dans un puits sacré ou une source. Cette pratique semble s'être répandue dans tout l'Empire Romain. Ces dernières années, on a en effet retrouvé un certain nombre de plaques de ce genre dans les sources d'eau chaude de Bath, en Angleterre, datant de l'époque de l'occupation de la Grande-Bretagne par les Romains.

Les sorts d'amour

La magie du désir et de l'amour était tout aussi populaire que la magie de la mort, et ses sorts tout aussi désagréables que ceux qui étaient utilisés dans la magie populaire européenne (voir page 36). Il existait aussi des sorts d'amour plus innocents ; le plus agréable consistait à présenter à la personne aimée un petit cadeau (généralement des fleurs ou des fruits) qui avait été consacré à Aphrodite, la Vénus grecque.

De nombreux Grecs croyaient à la sorcellerie et à la magie, mais les considéraient avec un certain mépris. C'est pourquoi ceux qui s'adonnaient à ces rites malsains étaient interdits d'initiation dans certains des cultes du « Mystère » de la Grèce antique, comme celui d'Eleusis, et des philosophes comme Platon dénoncèrent la démonologie, la sorcellerie et les magies de toutes sortes. Pourtant, et assez étrangement, la philosophie de Platon était d'une certaine manière assez magique : il s'emparait des démons des croyances populaires, les rendait moralement neutres et les élevait au statut d'idéaux qu'il considérait comme la réalité existant sous le monde matériel. C'est ainsi qu'il existe selon lui une « justesse » éternelle et idéale, dont la justice de l'humanité ne peut être qu'un pâle reflet.

Certains écrivains ont déclaré que les dieux et les déesses de la Grèce antique étaient symboliques d'une philosophie joyeuse de la vie. Les divinités grecques étaient considérées comme des « seigneurs de la vie » hauts en couleur, et leurs disciples se comparaient favorablement à ceux de Jésus, que le poète Swinburne appelait le « pâle Galiléen ». En réalité, les croyances religieuses de la Grèce revêtaient aussi certains aspects très sombres, et le côté le plus noir de la religion classique a influencé de nombreux groupes occultes, passés et présents. C'est ainsi (ci-dessus) que le deuxième personnage à partir de la droite est Demeter, une déesse dont le culte comprenait peut-être l'utilisation de drogues ; par ailleurs, la vénération de Dionysos (ci-contre) comportait des éléments sexuels.

LA MERE DES TENEBRES

Les premiers Chrétiens considéraient Cybèle, adorée comme la Grande Mère dans tout le monde Grec et Latin, comme une Reine de l'Enfer, une diablesse qui était la véritable Mère des Ténèbres.

Cybèle, la mère des ténèbres, redoutée et détestée par la plupart des citoyens romains, mais paradoxalement vénérée à Rome comme la «protectrice de la Cité». Cybèle était servie par des prêtres eunuques, qui s'étaient souvent castrés eux-mêmes, et dont certains considéraient comme un devoir religieux de servir les désirs masculins.

Des prêtres eunuques

Ils avaient de bonnes raisons d'adopter ce point de vue, car les rites – magiques et autres – de son culte étaient généralement considérés avec crainte et méfiance, même par les païens. Ses prêtres eunuques, dont les activités furent décrites en termes peu flatteurs par Apuleius, se promenaient dans les rues des villes et des villages, dansant et tourbillonnant de manière extatique en réaction à la musique de flûtes et de cymbales.

Ces prêtres semblent avoir été un groupe d'hommes très curieux. On parlait beaucoup – et Apuleius croyait visiblement à ces récits – de leurs tricheries financières et de leurs perversions sexuelles. Leur réputation était telle que la loi interdisait aux citoyens romains de prendre part aux cérémonies qu'ils dirigeaient, à plus forte raison de devenir membres de leur groupe. Pourtant, et paradoxalement, il existait un temple voué à Cybèle sur la colline du Capitole à Rome, où la Mère des Ténèbres était vénérée, même par ceux qui craignaient ses prêtres, comme la «Protectrice de la Cité».

Le culte de Cybèle semble être né à Pessinus, dans ce qui est aujourd'hui la Turquie centrale, et selon la légende, cette déesse était à l'origine hermaphrodite, c'est-à-dire dotée d'organes génitaux masculins et féminins opératifs. Ce monstre terrifiait les dieux et les hommes, et les dieux décidèrent de lui retirer ses attributs masculins. D'énormes quantités de vin furent versées dans le puits où elle s'abreuvait habituellement, et elle tomba dans une stupeur ivre. Pendant son sommeil, ses organes masculins furent attachés à un gros arbre. Finalement, elle s'éveilla et bondit sur ses pieds, ce qui eut pour effet de la castrer et de la rendre féminine. C'est pourquoi la castration était considérée comme un rite particulièrement saint par les adeptes de Cybèle. Non seulement tous ses prêtres étaient eunuques, mais, au cours de processions dans la rue en son honneur, des enthousiastes étaient capables de se mutiler avec des couteaux, allant parfois jusqu'à se castrer.

La pierre noire de Pessinus

Jusqu'à environ 200 avant J.C., la vénération de Cybèle était principalement confinée à l'actuelle Turquie, le centre de ce culte se situant dans la ville de Pessinus, où elle était spécifiquement identifiée à une grosse pierre noire, peut-être d'origine météorique.

En 205 avant J.C., à une époque où Rome semblait menacée de défaite par Carthage, le culte de Cybèle fut apporté de Pessinus à Rome. Les données de la guerre se modifièrent presque immédiatement. Rome battit Hannibal, chef des Carthaginois, et, durant l'année suivante, les récoltes furent abondantes dans toute l'Italie : la famine causée par la destruction du bétail et des récoltes par les Carthaginois était terminée. De toute évidence, Cybèle avait protégé Rome, et la pierre noire de Pessinus y fut finalement apportée. Depuis Rome et la Grèce, où pendant des siècles la déesse avait été vénérée par des esclaves Phrygiens, son culte se répandit dans tout l'Empire Romain.

Les lecteurs de ce livre rencontreront à nouveau Cybèle, mais pas sous le même nom ni sous la forme d'une pierre noire. Car il s'agit simplement d'une manifestation d'une déesse universelle de la fécondité et de la mort qui ne possède peut-être pas d'existence objective hors de l'esprit humain, mais que certains ont toujours éprouvé le besoin de vénérer.

Hannibal, le chef des Carthaginois, ravagea l'Italie avec sa cavalerie d'éléphants : sa défaite finale fut attribuée à l'intervention de Cybèle, la Mère des Ténèbres, dont la vénération fut ainsi acceptée à Rome.

La décoration de ce vase grec, datant du sixième siècle avant J.C., illustre certains aspects orgiaques des Mystères du dieu Dionysos. Ce dieu était, et est toujours, associé à Bacchus, considéré par Aleister Crowley comme une manifestation particulière de Panfagi, Pangenitor, *le « Destructeur total, Créateur total », qu'il voyait comme la réalité profonde dont tous les dieux, déesses, anges et esprits invoqués par les magiciens seraient des expressions. Sur ce vase, Dionysos est représenté tenant un cep de vigne : l'enivrement divin a toujours été associé à la gnose, ou connaissance secrète, qu'il confère à ses élus. Il est porteur de la corne d'abondance, dont le contenu symbolise les bénédictions dont il fait cadeau.*

Saints et sorciers

Eros et Thanatos, la sexualité humaine et la mort humaine, ont constitué des préoccupations premières des saints comme des chercheurs des connaissances cachées.

MEURTRE PAR MAGIE

Un meurtre censé avoir été commis par magie. Une image, datant d'environ 1630, à l'église de Bottesford, en Angleterre, représente un enfant qui aurait été tué par Joan Flower, une sorcière.

Le Moyen Age était, comme notre époque, marqué par des contrastes extrêmes. C'était une période de sainteté extrême et de perversité extrême, une époque où des ascètes saints vivaient aux côtés de sorciers qui pratiquaient une désagréable magie populaire.

Par la nature même des choses, il nous est impossible de connaître en détails les techniques utilisées par cette magie. On peut cependant en avoir une idée grâce à des preuves récentes qui semblent montrer que son influence a persisté jusqu'à une époque relativement moderne.

Un exemple de cette survivance nous vient de l'Irlande de 1831, lorsque des cambrioleurs firent irruption dans une maison de Loughcrew et commencèrent à la mettre à sac. Ils firent un tel bruit qu'ils réveillèrent l'un des habitants qui donna immédiatement l'alerte. Les voleurs s'enfuirent très vite, laissant derrière eux non seulement certains de leurs outils, mais aussi une main humaine momifiée, les doigts resserrés autour d'une bougie.

La raison pour laquelle cet objet morbide était transporté par des voleurs irlandais au siècle dernier se retrouve dans les écrits d'un auteur du quinzième siècle, Petrus Mamoris, qui expliquait que certaines personnes employaient :

> *la main d'un corps ayant reçu les sacrements et avec laquelle elles traçaient un signe inversé de la croix sur un dormeur, le faisant dormir... sans se réveiller, afin de pouvoir cambrioler sa maison à leur guise.*

La main de la gloire

Il subsiste même des recettes pour confectionner ce somnifère médiéval, généralement appelé « la main de la gloire ». Il semblerait qu'on ne puisse pas utiliser n'importe quelle main, comme on pourrait en trouver dans une salle de dissection, pour faire une main de la gloire. Elle doit être coupée du corps d'un homme exécuté et macérer pendant 15 jours dans un mélange d'eau et de salpêtre, avant de sécher au soleil du 3 juillet au 15 août.

Ce procédé sordide semble caractéristique d'une tendance des sorciers populaires à employer des os, des morceaux de linceul, des clous de cercueil et autres objets associés à la tombe dans leurs sorts,

Une poupée de sorcellerie, datant d'environ 1800, du type utilisé dans la magie de l'image pour faire du mal, tuer, ou enflammer de passion sexuelle une victime choisie.

en particulier ceux qui se proposaient d'ennuyer les voisins, de faire du mal aux ennemis, ou même de commettre des meurtres par magie.

Le « Grimorium Verum »

On peut trouver de bons exemples de ces rites populaires dans le *Grimorium Verum*, une compilation du dix-huitième siècle qui comporte des récits dérivés de la sorcellerie traditionnelle.

L'un des procédés décrits dans le *Grimorium Verum*, destiné à permettre au magicien de se rendre invisible, (dans un but mauvais), fait appel à l'utilisation d'une tête humaine entière, qui doit être farcie de haricots noirs. Un autre procédé, une « œuvre de vengeance et de haine », est légèrement moins désagréable. Le sorcier doit commencer par déterrer un cercueil et en retirer quelques clous. Ces clous sont consacrés au mal par l'utilisation de la formule suivante :

> *Clous, je vous prends pour que vous puissiez... causer du mal à tous ceux que je choisirai.*

Un seul clou est nécessaire pour chaque ennemi. On l'enfonce dans une empreinte de pied laissée par cet ennemi tout en chantant une prière latine à « Notre père qui es sous terre », autrement dit, le diable.

Les sorciers étaient encore plus obsédés par le sexe que par la mort.

DESIR ET AMOUR

Il y a et il y a eu des gens qui ont cherché à utiliser les connaissances interdites – certains diraient la stupidité futile – de la magie noire pour acquérir richesses, puissance et victoire sur leurs ennemis. Il est cependant probable que la motivation de la plupart des magiciens comporte une association de ces trois éléments, mêlée à une sexualité frustrée.

Le miroir magique

Presque tous les *grimoires* (voir page 104), et pas seulement ceux qui ont une réputation particulièrement sinistre, contiennent des procédés destinés à allumer les feux du désir. Certains sont assez simples et clairement dérivés du folklore. Par exemple, un homme peut s'attirer les faveurs sexuelles d'une femme (ou vice-versa) de la manière suivante :

> *Achetez un miroir à main, retirez-le de son cadre, écrivez trois fois le nom de l'objet de votre désir sur la peinture de son dos, puis replacez-le soigneusement dans son cadre.* (L'étape suivante est un peu plus difficile, sauf si vous êtes éleveur de chiens par profession ou si vous avez facilement accès à un chenil.)
> *Trouvez une chienne en chaleur et surveillez-la jusqu'à ce qu'elle soit couverte par un chien. Assurez-vous que le miroir inscrit soit placé de manière à refléter l'accouplement des chiens jusqu'à sa conclusion. Enveloppez le miroir dans un tissu vert et dissimulez-le pendant neuf jours dans une pièce fréquentée par l'homme ou la femme convoité. Retirez alors le miroir de cette pièce et portez-le sur vous partout où vous allez. Tôt ou tard, la personne désirée se soumettra à votre volonté.*

La potion d'amour

Un procédé un peu plus simple, à condition que le magicien sache cuisiner et que l'homme ou la femme désiré apprécie les gâteaux, se passe de la manière suivante :

> *Rendez-vous dans une maison de bains, et restez à l'endroit le plus chaud jusqu'à ce que vous transpiriez abondamment. Recouvrez-vous d'une quantité suffisante de farine blanche pour absorber toute la sueur, puis brossez la farine en la faisant tomber dans un sac que vous emporterez chez vous.*
> *Placez la farine dans une jatte, ajoutez-y des copeaux de vos ongles, finement hachés bien sûr, et quelques cheveux ainsi que quelques poils pubiens. Confectionnez alors un gâteau en utilisant votre recette favorite, et ajoutez-y ce désagréable mélange avant la cuisson. Servez à la personne de vos souhaits, qui ne pourra plus alors résister à vos approches.*

Tout cela est plutôt dégoûtant, plutôt stupide, et peut-être un peu fou ; c'est pourtant extrêmement sain comparé à certains des rites sacrilèges et sanglants utilisés par des adeptes de la magie noire pour attirer dans leur lit des personnes sans méfiance (voir page 48).

Comparés à ces rites, les procédés que l'on trouve dans de nombreux textes de magie sont l'innocence même. Prenons l'exemple du sort cité dans un livre intitulé *La magie noire*, une version sinistre et dégénérée de la *Clé de Salomon* (voir page 104).

Il faut d'abord confectionner une image de cire « consacrée » par une conjuration d'êtres dont les noms sont notamment Noga, Asmon, et Bermona, et salués comme « les ministres de l'amour et de la malpropreté ». Cette image est alors dotée de « vertu magique » par l'invocation de démons. Placée sous l'oreiller du magicien lubrique, cette figurine permettra que : « des chaînes... n'empêchent pas la personne désirée de venir... pour... son but. »

Les bains avaient une réputation douteuse jusqu'au milieu du dix-septième siècle. Ceux qui en prenaient souvent étaient considérés comme soit en mauvaise santé, soit consumés par la lubricité. Les bains publics de l'Europe médiévale avaient une telle réputation qu'à la fin du seizième siècle ce terme de bains était utilisé pour parler poliment de maisons de prostitution. Le bain pris ici (en haut, à droite) était de nature médicinale, mais il aurait pu être pris comme préliminaire à la préparation d'une potion d'amour comme celles qu'aurait vendues la sorcière de Newbury (ci-contre, en bas) ou les vieilles sorcières représentées par Goya (ci-contre à droite).

A MOST
Certain, Strange, and true Diſcovery of a
VVITCH.
Being aken by ſome of the Parliament Forces, as ſhe was ſtanding on a ſmall planck-board and ſayling on it over the River of *Newbury*:
Together with the ſtrange and true manner of her death, with the propheticall words and ſpeeches ſhe vſed at the ſame time.

Les voies des Abysses

Depuis les « Rosicruciens Noirs » jusqu'au sacrifice humain et aux viles perversions de la vie sacramentale, les routes de l'enfer sont multiples.

L'ECARLATE ET LE NOIR

Le vert est la couleur du mysticisme de la nature ; le violet, selon certains occultistes actuels, est la couleur de ce qu'on appelle « le chemin de la dévotion » ; mais le rouge et le noir sont les couleurs de nombreuses personnes qui ont suivi la voie de la magie rituelle.

L'écarlate de cette équation a parfois été celui du sang de l'auto-sacrifice, prétendûment versé pour le bien des autres. Il s'agit plus souvent du sang des victimes – généralement un animal, mais parfois un être humain.

Le noir – couleur de deuil –, qui est souvent lié aux arts martiaux, aux travaux rituels et aux initiations occultes, possède aussi une double signification. En effet, outre son association évidente avec la mort et la tombe, qui jouent un rôle important dans des cultes morbides comme ceux du Guédé (voir page 70), le noir est la couleur du péché, de l'enfer et de son maître, Satan.

Le « Grand Bouc » dessiné par le magicien Eliphas Levi dans les années 1850. Cette créature est hermaphrodite, présentant une poitrine de femme mais aussi (dissimulés) des organes masculins. Ce bouc symboliserait, selon certains, la puissance cachée derrière la magie noire.

Certains groupes de rock ont acquis la réputation de se livrer à la recherche des connaissances interdites, voire même à la magie noire. Cette réputation n'est généralement pas justifiée. La plupart des groupes de rock soupçonnés de sympathies sataniques cherchaient délibérément à choquer le public en mettant en scène des spectacles qui semblaient *comporter un élément de magie noire, mais qui n'en était pas réellement. Un groupe représentatif de cette situation : les californiens Black Widow.*

Les Rosicruciens Noirs

Le mot « noir » (qui n'a, dans ce contexte, aucune connotation raciale) s'applique par conséquent aux motifs, aux méthodes, et au véritable inspirateur des activités de certains occultistes, du passé et du présent. C'est en ce sens que Miss Stoddart, dans son ouvrage extraordinaire intitulé *« Les porteurs de lumière des ténèbres »*, faisait référence aux « Rosicruciens Noirs ».

La véritable origine des « Frères de la Croix Rose », généralement appelés Rosicruciens, est entourée d'un mystère impénétrable. Disons simplement qu'ils annoncèrent leur existence au monde extérieur par deux manifestes publiés au début du dix-septième siècle, attirèrent immédiatement une grande attention qui se dissipa vite, et restèrent ensuite dans l'oubli pendant presque un siècle.

Au dix-huitième siècle cependant, différents organismes rosicruciens, prétendant tous être les descendants de la fraternité originale, apparurent en Allemagne. La plupart d'entre eux avaient une relation avec la franc-maçonnerie (voir page 58), initiant leurs membres par étapes successives en leur transmettant de plus en plus de connaissances secrètes, et en leur enseignant l'alchimie (voir page 116), et la magie blanche.

La rose rouge et la croix d'or

Avant 1914, Miss Stoddart fut initiée dans une société secrète britannique, la « Rose Rouge et la Croix d'Or », qui affirmait descendre d'un groupe rosicrucien allemand et dont la structure hiérarchique était identique à celle qu'utilisaient les Rosicruciens alchimistes du dix-huitième siècle.

Miss Stoddart atteignit une position élevée dans cette société prétendûment rosicrucienne, mais elle commença alors à faire une série d'expériences subjectives extraordinaires qui indiquent qu'elle subissait des illusions schizophréniques ou bien, comme elle-même et certains de ses proches le pensaient, qu'elle faisait l'objet d'une attaque psychique.

Le point culminant de ces attaques (dont les symptômes comprenaient la perception d'odeurs désagréables, des hallucinations visuelles, et même l'expérience de pertes de conscience) survint le 17 avril 1919, dans un lieu surprenant : une église anglicane. Elle vit douze personnages vêtus de longues tuniques, ressentit une vive douleur au cœur, et se sentit faiblir peu à peu.

Elle eut alors la conviction qu'il était question de magie noire. Elle quitta la société rosicrucienne et passa la plus grande partie du reste de sa vie à dénoncer ses agissements.

FESTIVAL DE L'ENFER

Si l'enfer, comme le paradis, possède ses périodes creuses et ses périodes fastes, le jour de la naissance du noble breton Gilles de Retz (1404-1440) doit être inscrit à l'encre rouge sur le calendrier infernal.

Chez Gilles de Retz en effet, la recherche des plaisirs conduisit des désirs ordinaires de la chair aux meurtres d'enfants et à la magie noire. Cela n'a pas empêché certains enthousiastes du mouvement contemporain de sorcellerie d'affirmer, tout comme Margaret Murray (voir page 144), que de Retz était innocent des crimes qu'on lui attribua et qu'il était le meneur d'une ancienne religion de la fertilité, un homme qui sacrifia sa vie pour le bien de la terre et de ceux qui y vivaient.

Il n'existe en fait aucune bonne raison d'accepter cette affirmation pseudo-anthropologique, dérisoire même pour ceux qui se rangent aux opinions de Murray. Si jamais un homme fut coupable des crimes de meurtre et des péchés de la magie noire, c'est bien Gilles de Retz. Il eut droit à ce qui, pour son époque, était un procès assez juste, et, de plus, il semble qu'il ait commis ses crimes uniquement par lubricité et par cupidité, et non par un quelconque désir intellectuel de rechercher une sagesse obscure hors des préoccupations normales de l'humanité.

Gilles naquit dans une famille riche, et sa richesse augmenta encore lorsqu'il épousa une héritière presque aussi fortunée que lui, Catherine de Thouars. Durant les guerres contre l'Angleterre, il se battit aux côtés de Jeanne d'Arc et acquit une réputation de bravoure. Il était cependant très dépensier et avait un goût prononcé pour l'homosexualité sadique, qu'il exprima sans retenue à partir de 1432 environ.

Meurtres d'enfants et magie noire

Les enfants des paysans étaient l'objet de sa convoitise ; attirés dans ses châteaux, on ne les revoyait plus. On ne sait pas exactement de combien de morts Gilles de Retz fut responsable, mais on a avancé le chiffre de 140.

Les activités de Gilles nécessitaient de nombreux complices, qu'il fallait payer, et bien payer.

La signature de Gilles de Retz, brillant soldat, compagnon de Jeanne d'Arc, et que la recherche de la connaissance interdite entraîna dans la magie noire la plus sinistre. Il ne fait aucun doute qu'avec ses compagnons satanistes Gilles se livra à des sacrifices humains.

Pour tenter de rétablir l'équilibre de ses finances, qui étaient en péril, Gilles se tourna vers l'alchimie (voir page 116), espérant découvrir la Pierre Philosophale qui transformerait le plomb en or. Ses recherches furent vaines, malgré le recours à des adeptes de cette science occulte, et ses activités d'alchimiste ne firent qu'accroître ses problèmes financiers.

Anxieux de trouver de l'argent, Gilles se tourna vers la magie noire et avec l'aide de prétendus spécialistes, notamment un soldat devenu sataniste et un prêtre italien, un certain Prelati, il s'engagea dans différentes expériences magiques monstrueusement diaboliques. L'une d'entre elles au moins comportait l'offrande de parties d'un corps d'enfant à un démon du nom de Baron, une entité réputée apporter des trésors à ceux qui lui faisaient de bons sacrifices. Un cœur, des yeux et du sang d'enfant étaient ainsi offerts dans un récipient en verre. Il semble pourtant que Baron n'ait pas été impressionné. En tout cas, Gilles n'obtint pas l'or dont il avait maintenant désespérément besoin.

Sacrilège et hérésie

Vers juillet 1440, l'évêque de Nantes, Jules de Malestroit, qui avait une motivation financière pour le faire, commença à rassembler des preuves des sacrilèges et des hérésies commises par Gilles de Retz. Vers la même époque, le duc Jean de Bretagne réunit un tribunal séculaire pour enquêter sur les nombreuses disparitions d'enfants, car les

Les ruines du château de Champtocé-sur-Loire, l'une des nombreuses propriétés que Gilles acquit par héritage ou par mariage. Il fut finalement condamné pour hérésie (la magie noire étant une hérésie), et toutes ses richesses furent saisies par l'Église.

parents se montraient maintenant très virulents.

En octobre, Gilles fut jugé par l'Église pour hérésie et par les autorités civiles pour meurtre. Prelati devint informateur et donna des preuves détaillées relatives aux cérémonies obscures qui avaient été menées, sauvant ainsi sa propre vie. Gilles, après avoir été torturé, avoua sa culpabilité.
Le 26 octobre, il fut brûlé sur le bûcher à Nantes en compagnie de deux de ses plus proches collaborateurs, Henriet et Poitou. Après avoir exprimé un repentir qui sembla avoir été assez réel, Gilles fut finalement étranglé avant d'être brûlé.

Malgré la torture à laquelle il avait été soumis, la confession de Gilles semble authentique, car c'était un pédéraste, un meurtrier et un sorcier.

PAIN NOIR, VIN SOMBRE

Même si Gilles de Retz (voir page 40) fut torturé avant de confesser tous ses crimes, il ne fait aucun doute qu'il avait bien commis ces crimes dont on l'accusait : meurtres et magie noire.

En effet, les détails des aveux de Prelati coïncident parfaitement avec ce que l'on sait des techniques de la magie noire de la fin du Moyen Age. Le chagrin et la colère des parents des enfants assassinés étaient tels qu'après quelques années, les récits qu'ils transmirent aux générations suivantes entraînèrent une confusion entre Gilles – un imposteur dans le pur folklore breton – et le légendaire Barbe Bleue.

Le prêtre pervers

Il est néanmoins significatif que Prelati, le prêtre qui offrit des cœurs au démon nommé Baron, n'ait pas été jugé et qu'après la mort de Gilles sur le bûcher, il ait complètement disparu. Il est probable qu'il retourna à Florence, sa ville natale, et continua à y pratiquer sa sombre profession.

Le fait que cet homme, de son propre aveu aussi coupable que Gilles, ait échappé à la punition explique sans doute la raison pour laquelle le seigneur de Retz fut jugé par l'évêque de Nantes. Un homme coupable d'avoir fait des sacrifices au diable était considéré *ipso facto* comme un hérétique, et après avoir été déclaré tel, *toutes ses terres et ses biens revenaient automatiquement à l'Église.*

Ce fait soulève un élément important en rapport avec les procès médiévaux pour magie noire lorsque l'accusé bénéficiait d'une certaine aisance sociale. Les motifs des accusateurs n'étaient pas toujours ce qu'ils semblaient être : ils étaient souvent inspirés davantage par la cupidité que par le zèle religieux, et les preuves qu'ils produisaient étaient souvent douteuses et inexactes.

Le procès de Lady Alice Kyteler

On peut citer à ce sujet le procès de Lady Alice Kyteler, une femme appartenant à la noblesse irlandaise, qui se tint à Kilkenny en 1324-1325. Elle fut accusée, ainsi que William Utlagh, son fils, et de dix autres hommes et femmes, d'avoir fait des sacrifices aux démons et d'avoir concocté de redoutables potions qui pouvaient être utilisées pour tuer ou pour susciter la passion sexuelle. Ces potions, qui auraient contenu des ingrédients tels que des entrailles de jeune coq, des vers, et des ongles de cadavres, étaient bouillies à l'eau (avec les vêtements d'un bébé mort avant d'être baptisé) dans la boîte crânienne d'un criminel exécuté.

Les enfants de Sir John Le Poer, le quatrième époux de Lady Alice (Kyteler était son nom de jeune fille) déclarèrent que leur père avait bu une telle potion, qui l'avait rendu chauve, avait fait tomber ses ongles, et l'avait rendu malade.

Il est possible que certaines de ces affirmations aient été justes. Il est pourtant peu probable que Lady Alice ait eu des relations sexuelles avec un ou des démons, sous forme de chiens, de chats ou d'hommes noirs, comme le prétendit, après avoir été torturée, sa bonne, Pétronille.

Il semblerait, comme le souligna Norman Cohn dans son ouvrage, *Les démons internes de l'Europe*, que le procès d'Alice Kyteler ait résulté d'une série de disputes familiales relatives à l'argent. Il est possible que cette lady se soit livrée à la magie noire — Sir John Le Poer aurait en effet découvert parmi ses effets personnels une boîte contenant des « choses horribles ». Elle *pourrait* avoir fait partie de ceux qui mangeaient le pain noir et buvaient le vin sombre de Satan.

Ci-dessus, à gauche, une miniature française du quinzième siècle représentant des hérétiques vénérant une chèvre — manifestation physique de Satan, chef suprême des enfers. A cette époque, l'Église identifiait l'hérésie et la magie noire, allant jusqu'à affirmer que les doux et pieux Vaudois étaient des adorateurs du Lucifer de Dante (ci-contre).

LES SACRIFICES DE VENUS

Le désir sexuel a toujours été l'un des motifs principaux des hommes et des femmes qui ont emprunté les chemins dangereux qui mènent aux abysses, et la littérature de la magie noire est pleine de sorts et de procédés destinés à permettre au sorcier de satisfaire ses besoins sexuels.

Certains d'entre eux sont manifestement dérivés de la magie paysanne (voir page 34), une survivance de croyances très primitives. D'autres sont plus intellectuels, prenant leurs racines dans la magie classique (voir page 30) et comportant le sacrifice de pigeons, traditionnellement sacrés pour Vénus.

L'anneau magique

D'autres encore sont très étranges. Les plus étranges de tous sont peut-être les rites accomplis pour se procurer un anneau magique qui, passé au doigt des personnes de sexe opposé, aurait permis « d'avoir sur le champ votre plaisir avec elles ».

Il suffit au magicien de dresser une table pour trois dans sa chambre, de placer un fauteuil confortable au chevet du lit, et de se retirer assez tôt dans la soirée en disant :

Benedictum consolatio veni ad me vertat Creon, Creon, Creon, cantor laudem omnipotentis et non commentur. Stat superior carta bient laudem omviestra principiem da montem et inimicos meos o prostantis vobis et mihique passium fieri sincisibus.

Peu après, trois personnes du sexe opposé, supposées être des démons à visage humain, se matérialisent.

L'une d'elles viendra s'asseoir près du lit et « s'entretiendra avec vous jusqu'à minuit, heure à laquelle elle (ou il) partira avec ses compagnons sans être congédiée. »

A gauche, une représentation de Vénus datant du seizième siècle, sous les traits de la déesse et de la planète de l'amour. Elle se tient à droite du tableau, au-dessus des symboles zodiacaux du Taureau et de la Balance, qu'elle domine.

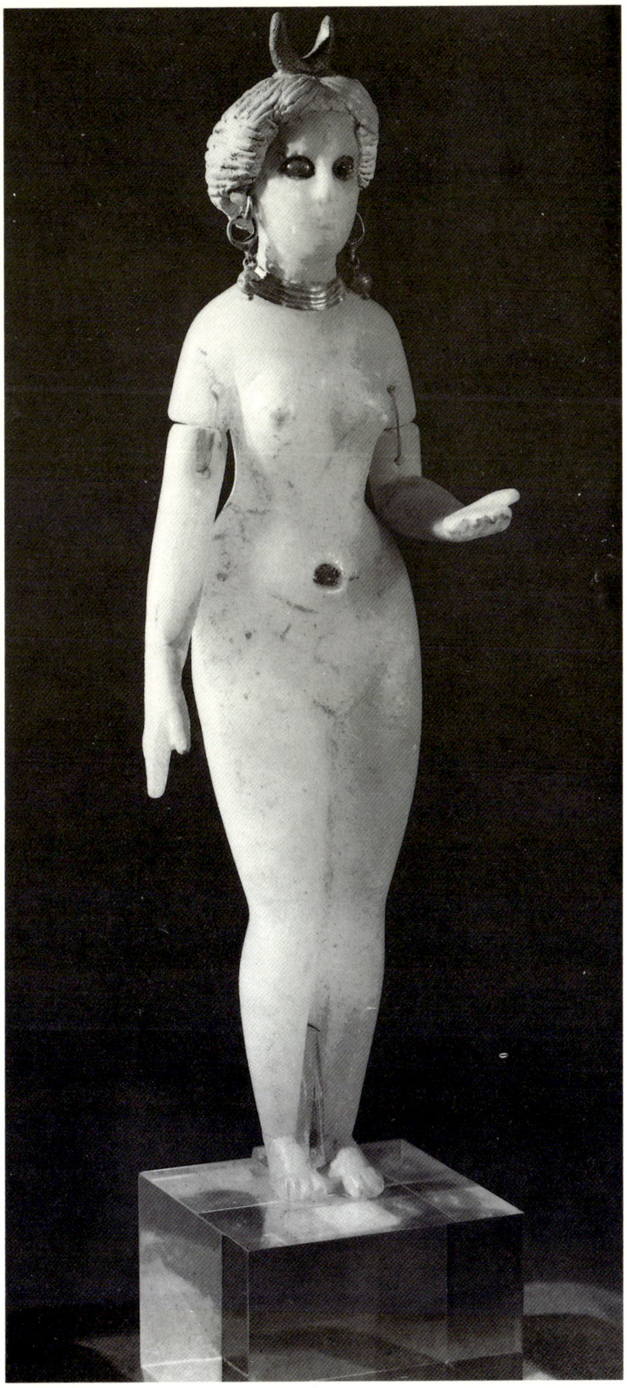

Une statue datant du troisième siècle avant J.-C. et représentant la déesse de l'amour Ishtar, que les Romains identifiaient à Vénus et les Grecs à Aphrodite. Au fil des siècles, le nom féminin d'Ishtar s'est transformé en un nom masculin, celui du démon Astaroth, qui était invoqué lors des messes noires au dix-septième siècle.

Durant « l'entretien » qui se poursuit jusqu'à minuit, le visiteur satisfera totalement la curiosité du magicien. Il répondra à des questions sur « tout art ou toute science », donnera des détails sur tout trésor enterré dans la région, y compris des indications concernant l'heure précise à laquelle il faut le chercher, et, finalement, offrira au magicien son anneau magique. Celui-ci possède non seulement des vertus aphrodisiaques, mais assure également la réussite au jeu.

Au fil des siècles, il est probable que de nombreux futurs joueurs et séducteurs chanceux ont utilisé ce rite étrange dans l'espoir d'obtenir l'anneau magique. Si c'est le cas, il s'est avéré inefficace en ce qui concerne le jeu. C'est du moins ce qu'on peut supposer, puisqu'il est très rare de rencontrer des bookmakers ou des propriétaires de casinos accablés par la pauvreté.

La stupidité même de ce rite est presque sans parallèle dans la littérature de la magie rituelle : il est presque aussi insensé que la confection des jarretières magiques qui, selon la *Clé de Salomon* (voir page 104), permettraient au magicien d'accomplir des centaines de kilomètres à la marche en une journée.

Le mal apporte l'amour

La stupidité est cependant préférable à la perversité, et il ne fait aucun doute que certains des « sorts d'amour » que les magiciens utilisaient pour eux-mêmes et leurs clients étaient réellement très pervers, comportant des sacrilèges et le versement du sang. Il est important de parler de « sorts d'amour » entre guillemets, car ceux qui les utilisaient étaient surtout motivés par la lubricité.

Certains des sorts les plus célèbres impliquaient l'administration d'un certain nombre de potions toxiques, contenant des substances animales et végétales dangereuses aux hommes

Il existe donc des raisons de penser que les violents maux d'estomac dont souffrit Louis XIV entre 1667 et 1679 furent peut-être provoqués par des drogues, renforcées par la magie noire, qui lui furent administrées dans sa nourriture par Mme de Montespan. De même, un certain nombre de femmes furent presque certainement soumises à des abus sexuels après avoir été endormies par des « philtres occultes ».

LES CALICES EMPOISONNES

On exagère très souvent la fréquence des célébrations de messes noires, passées et présentes. C'est ainsi que lorsque Montague Summers affirme qu'au moment où il écrivait, à la fin des années 1920, des messes de ce genre se déroulaient quotidiennement dans les grandes villes du monde, on peut raisonnablement penser qu'il affabule : Summers aimait beaucoup terroriser ses lecteurs.

Il serait cependant trop sceptique de penser que tout cela n'est qu'un mythe, un fantasme de ces gens, qui tirent une satisfaction sexuelle du blasphème. Il existait, et existe toujours, des personnes de ce style. On voit une forme d'esprit, possédé d'une fascination infantile pour les excréments, qui éprouve une certaine satisfaction à l'idée de voir l'hostie consacrée – objet de vénération pour les Catholiques – soumise à des manipulations perverses dans le vagin d'une femme.

Le célèbre abbé Guibourg

Aussi répugnante que cette idée paraisse à la plupart d'entre nous, même à ceux qui ne sont pas Chrétiens, des rites de ce genre se sont déroulés, en particulier sous l'influence d'un abbé du dix-septième siècle appelé Guibourg (ou Gibourg). C'était un vieux débauché dégoûtant qui commença par le sacrilège et termina par des meurtres rituels.

On ne sait presque rien de la vie de Guibourg jusqu'à ses dernières années, si ce n'est qu'il naquit vers 1611, qu'il voyagea beaucoup, et qu'il était le père d'un certain nombre d'enfants illégitimes. Il semble ne jamais avoir reçu d'avancement ecclésiastique, mais, vers 1678, il était plus ou moins rattaché à l'Église de Saint-Marcel, l'un de ces prêtres disposés à dire une messe pour n'importe qui pour une certaine somme. Il bénéficiait également d'autres sources de revenus, probablement plus lucratives, se livrant à la pharmacologie occulte et confectionnant des potions d'amour. Il célébrait aussi des messes de vaine observance (voir page 12), généralement de nature amoureuse.

Les messes amoureuses

Entre 1660 et 1680, il semble qu'il n'ait pas manqué de prêtres vénaux à Paris, prêts à se livrer à ce genre d'activités, et dont certains bénéficiaient d'une riche clientèle. C'est ainsi que l'un d'entre eux, nommé Mariette, fut en 1667 employé par Mme de Montespan, maîtresse de Louis XIV, pour dire deux messes afin de rendre la reine stérile pour que le roi réserve tout son amour à Mme de Montespan et accède à tous ses désirs. Par la suite, Mariette célébra une autre messe, encore plus sacrilège, pour la même cliente. Il dit une messe au-dessus du corps de deux pigeons, avant de leur arracher le cœur. Ce qui se passa ensuite reste incertain, mais il semble possible que le sang des deux oiseaux ait été mêlé au vin consacré dans le calice et, par la suite, ajouté en secret à la nourriture du roi.

Louis XIV, qui était presque considéré comme un être sacré par la plupart de ses sujets, mais qui fut pourtant victime de la magie noire. Dans les années 1670, il fut d'abord à demi-empoisonné par des philtres d'amour, puis des messes noires furent dites contre lui.

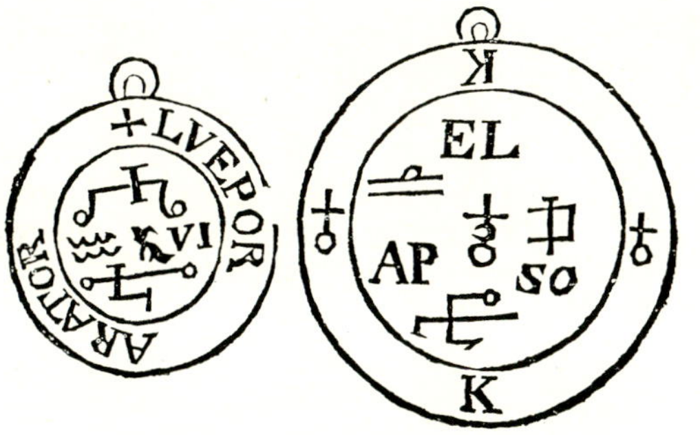

A gauche, Mme de Montespan, maîtresse de Louis XIV (ci-dessous) le « roi Soleil ». Le roi eut plusieurs enfants de Mme de Montespan, qu'il aimait beaucoup jusqu'à ce qu'il découvre qu'elle lui avait fait administrer dans sa nourriture des drogues prétendument aphrodisiaques et qu'elle avait cherché à conserver son amour au moyen de messes noires.

La magie de Mariette ne s'appliqua pas très longtemps. Mme de Montespan, ou une personne qu'elle avait mandatée, rechercha une magie plus puissante en contactant Catherine Monvoisin, avorteuse professionnelle, empoisonneuse, diseuse de bonne aventure. La Monvoisin était une femme aux relations étranges, qui connaissait de nombreux prêtres douteux et qui avait pour amant un certain Le Sage, qui gagnait sa vie en disant la bonne aventure et en fournissant des potions d'amour. L'une d'entre elles comportait entre autres ingrédients des testicules de coqs séchés et une mouche espagnole. Cette potion était ensuite dotée de pouvoirs magiques par Guibourg, qui disait une messe dessus.

LA LITURGIE DE LA MORT

En 1673, Mme de Montespan, maîtresse de Louis XIV, comprit que les espoirs qu'elle avait eus de supplanter un jour la reine dans le cœur de son amant ne s'étaient pas réalisés. Pire encore, elle était elle-même remplacée en tant qu'objet des désirs sexuels du roi par des femmes plus jeunes. Si, comme il le semble, Mme de Montespan administrait depuis de nombreuses années des aphrodisiaques vrais ou supposés au roi, ceux-ci ne remplissaient plus leur fonction, ou si c'était le cas, les désirs de Louis XIV étaient assouvis dans le lit d'une autre. Que faire ?

La messe noire

Catherine Monvoisin et Le Sage lui suggérèrent une solution. Leur ami, l'abbé Guibourg, célébrerait une messe noire pour elle. Cette messe serait naturellement efficace, mais elle serait aussi coûteuse. Les adeptes de la magie noire, notamment parmi les prêtres, n'avaient pas l'habitude de fournir des services gratuits.

La première messe noire fut célébrée en 1673. Une femme masquée et nue était étendue, jambes largement écartées, sur l'autel – le calice, ainsi que le plat contenant les hosties qui allaient être consacrées, se trouvaient en équilibre sur son ventre. On a parfois laissé entendre que cette femme masquée était la Montespan elle-même. C'est possible, mais peu probable.

Un astrologue, *peint par Cornelis Bega (1632-1664) vers la fin de sa vie. A cette époque, l'astrologie, autrefois considérée comme une science venant juste après la théologie, commençait à acquérir une réputation quelque peu douteuse et à être associée aux arts interdits, à la recherche des connaissances cachées et même au satanisme et à la magie noire.*

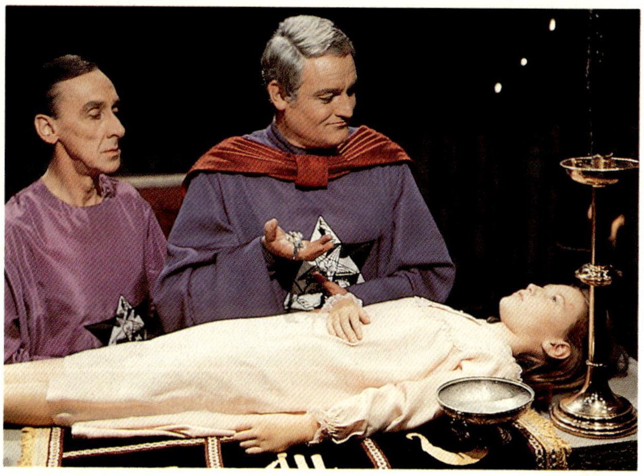

A gauche, une représentation érotique, certains diraient légèrement comique, d'un sacrifice humain lors d'une messe noire dans un film. En réalité, les victimes étaient toujours de très jeunes enfants.

Un autre plan du même film représentant une messe noire améliorée. Les messes noires authentiques se caractérisaient par d'obscènes manipulations sexuelles de l'hostie consacrée qu'il était impossible de montrer au cinéma.

La messe fut célébrée de manière orthodoxe jusqu'à la consécration – le moment où, selon les Catholiques, le pain et le vin se transforment pour devenir le corps et le sang du Christ (voir page 12). Ce qui suivit fut infernal, au sens propre du terme. On trancha la gorge d'un enfant, et son sang fut versé dans le vin consacré, tandis qu'une prière était dite aux démons Ashtaroth et Asmodée, qui étaient suppliés d'inciter le roi à aimer Mme de Montespan.

D'autres messes, assez similaires, mais comportant encore plus d'activités révoltantes, furent célébrées au cours des cinq années suivantes. Comme quelqu'un l'écrivit à Guibourg quelques années plus tard: «Il ne faut pas être un homme normal pour trouver naturel de sacrifier de jeunes enfants en leur tranchant la gorge...» A quoi il faut ajouter que ce n'était pas non plus une femme normale qui l'avait payé pour le faire.

Le sang des enfants égorgés s'avéra inefficace pour attirer la passion du roi, et, en 1673, Mme de Montespan avait le sentiment que son ancien amant la considérait maintenant avec indifférence. Quant à elle, elle n'était pas indifférente. Elle éprouvait de la haine pour le roi et voulait l'assassiner.

Une «messe mortuaire»

Elle fit de nouveau appel aux services de Guibourg, cette fois pour célébrer une liturgie de mort, une «messe mortuaire». Une concoction abjecte – contenant notamment du sang de menstruation et du sperme – fut ajoutée au vin consacré et emporté dans le but d'être ajouté à la nourriture du roi.

Avant que cela puisse être fait, Nicolas de la Reynie, le chef de la police de Louis XIV, qui enquêtait depuis quelque temps sur les pratiques de magie noire, arrêta Le sage, la Monvoisin et beaucoup d'autres. 110 hommes et femmes furent ainsi exécutés ou emprisonnés à vie, mais Mme de Montespan n'était pas de ce nombre. Le roi dissimula ses fautes et l'exila en province.

Elle vécut tranquillement, mais dans la crainte de l'obscurité, peut-être parce que, lorsqu'elle se retrouvait seule, elle revoyait des images d'enfants assassinés.

La voie de la perversion

Les odeurs généralement associées aux églises et aux sacristies sont celles de l'encens et de la cire ; mais, parfois, la puanteur du soufre est dominante.

LE FEU DE L'ENFER ET LE BONHEUR

Les savants d'Europe occidentale et les écrivains aux «vues avancées» qui vivaient dans la deuxième partie du dix-huitième siècle avaient tendance à montrer une certaine auto-satisfaction. Ils pensaient être témoins de l'aube d'une nouvelle ère illuminée dans laquelle la raison était destinée à triompher de l'obscurantisme des siècles précédents. Ils estimaient que Newton avait expliqué les principes scientifiques de base qui présidaient à chaque événement physique, depuis la trajectoire d'un boulet de canon jusqu'aux révolutions de la lune et des planètes.

On affirmait alors que Dieu était tout au plus un horloger céleste, l'être qui avait mis le système solaire en marche mais qui s'en était ensuite désintéressé. Plus personne ne croyait à l'astrologie, à la magie ni à la sorcellerie sauf les ignorants et les enthousiastes – ce dernier terme ayant alors une connotation péjorative, signifiait pratiquement «fanatiques». Ils pensaient que l'humanité ne devait plus se préoccuper d'un au-delà incertain, en espérant le paradis mais en redoutant les flammes de l'enfer, mais plutôt rechercher le bonheur sur terre en améliorant le bien-être de tous – selon les paroles de Voltaire, «en faisant pousser deux brins d'herbe là où il n'y en avait qu'un auparavant.»

Une gravure du dix-neuvième siècle, représentant Daniel dans la fosse aux lions. *Le livre prophétique de Daniel, l'*Apocalypse *et la littérature de l'alchimie intéressaient beaucoup Isaac Newton, qui croyait que ces ouvrages contenaient une sagesse secrète allant au-delà des vérités mathématiques.*

L'âge de raison ?

« L'âge de raison » était pourtant aussi l'âge de l'irrationnel ou du para-rationnel. Certains croyaient toujours aux connaissances interdites, à une sagesse secrète qui leur permettrait de comprendre « la chose en elle-même », la supraréalité située *au-delà* de la réalité. Assez étrangement, Isaac Newton, l'intellectuel idole des rationalistes du dix-huitième siècle, s'était lui-même lancé dans cette recherche. Ce grand mathématicien avait passé plus de son temps à étudier la littérature de l'alchimie (voir page 116) et à essayer de comprendre la signification prophétique du *Livre de Daniel* de l'Ancien Testament, qu'à étudier les mécanismes célestes.

D'une certaine manière, ces hommes du dix-huitième siècle que les recherches intellectuelles écartaient vers les voies mystérieuses qui aboutissent à la futilité, à la destruction spirituelle et, à l'illumination, étaient davantage les héritiers d'Isaac Newton que les rationalistes comme Voltaire, Diderot et Tom Paine.

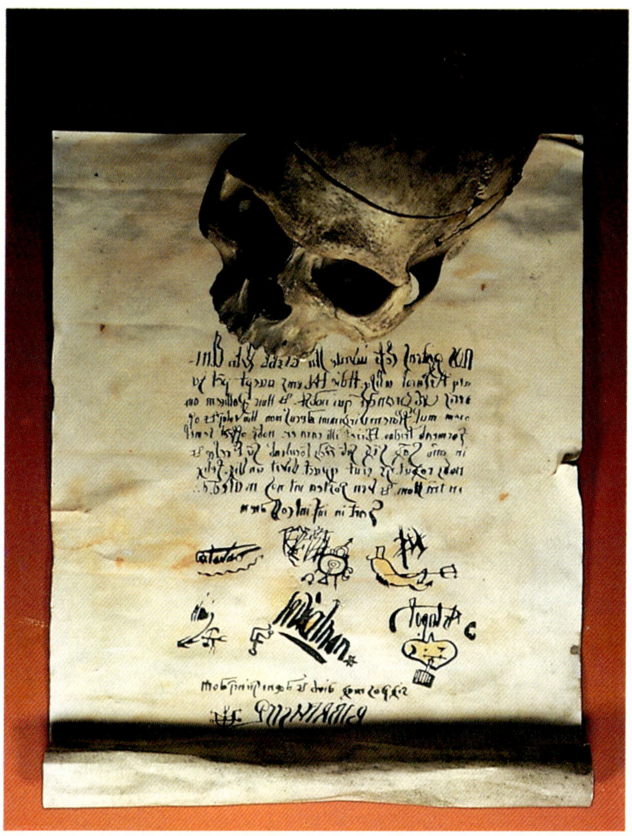

Au début du dix-huitième siècle, peu de personnes éduquées acceptaient l'authenticité des prétendus pactes entre les satanistes et les démons comme celui qui est illustré ici, une contrefaçon datant des années 1630.

Voltaire, qui popularisa les mathématiques de Newton et qui pensait qu'un Nouvel Age de Raison avait commencé.

La franc-maçonnerie

La sous-culture occulte du dix-huitième siècle avait tendance à se concentrer sur les aspects les plus mystérieux de la franc-maçonnerie. Il y avait à cela certains précédents historiques. C'est ainsi que l'antiquaire, alchimiste et astrologue du dix-septième siècle Elias Ashmole (voir page 120), nota qu'il avait accepté une initiation maçonnique parce qu'il pensait que la franc-maçonnerie pouvait être une survivance du « mystère des anciens ». Un poète écossais de la même époque associait la franc-maçonnerie aux mystérieux Rosicruciens (voir page 102) et au pouvoir de prédire l'avenir, écrivant :

> *Car nous sommes les frères de la Croix Rose.*
> *Nous avons la parole maçonnique et la seconde vue.*

Au dix-huitième siècle, un certain nombre de loges maçonniques préoccupées des aspects prétendûment occultes de l'artisanat furent créées, connurent un succès bref et, dans la plupart des cas, disparurent. Il y avait, par exemple, la Maçonnerie Égyptienne du mystérieux Cagliostro, un homme que certains considèrent encore aujourd'hui comme ayant possédé de réels pouvoirs occultes. Il y avait les « Cohens Élus », qui pratiquaient sans doute la magie, et même une loge d'alchimistes dans la cité des papes, à Avignon.

LES MOINES DE VENUS

On raconte que le vendredi Saint en 1728, la cérémonie rituelle qui se déroulait dans la chapelle Sixtine de Rome fut brusquement interrompue par un jeune Anglais qui brandit un grand fouet et s'attaqua violemment à tous les membres de la congrégation qui étaient à sa portée.

Cette histoire est peut-être très exagérée, voire même fictive, mais le fait même qu'elle ait été racontée illustre la réputation qui est restée attachée pendant plus de deux siècles au responsable supposé de cette attaque, Sir Francis Dashwood.

Dashwood et le club du feu de l'enfer

Dashwood (1708-1780) a souvent été décrit comme un sataniste, et on a laissé entendre que la société secrète dont il était membre – généralement appelé le club du feu de l'enfer, même si ce nom ne lui fut attribué que bien après la mort de Dashwood – était en fait une loge, ou un temple, d'adorateurs du diable.

Aucune preuve ne vient étayer ces affirmations. Les divinités auxquelles Dashwood et ses amis sacrifiaient semblent avoir été Bacchus et Vénus, et non Lucifer et Asmodée. Autrement dit, les Franciscains de Medmenham, leur nom plus correct, étaient sans doute des débauchés ivres plus que des initiés d'un quelconque culte infernal.

La date exacte de la fonction de la société de Dashwood est incertaine, mais elle existait sans aucun doute en 1750 et semble avoir prospéré jusqu'aux environs de 1762. Les principales activités du groupe se déroulaient chaque année pendant l'été, coïncidant avec une réception donnée à la maison de campagne de Dashwood.

Durant ces vacances campagnardes, les « Franciscains » se livraient à des activités quasi-religieuses comprenant des rites sans doute à demi-sérieux, au cours desquels ils auraient porté la tenue des moines Franciscains. On a affirmé qu'il y avait des messes noires parmi ces rites, mais même s'il se produisit une certaine parodie des cérémonies chrétiennes, elle ne semble pas avoir été très sérieuse. Une chose du genre de la plaisanterie blasphématoire de potache pour laquelle George Augustus Selwyn, ami de Dashwood, même s'il n'était pas lui-même « Franciscain », s'était fait renvoyer d'Oxford : il avait offert un verre de vin au propriétaire d'une auberge en disant : « Faites ceci en souvenir de moi ».

La remarquable boule dorée qui surmonte le clocher de l'église de St Lawrence à West Wycombe, en Angleterre. Elle aurait été dessinée par Sir Francis Dashwood et serait assez grande pour abriter neuf hommes assis confortablement. Selon une légende, presque certainement fausse, Dashwood et ses amis s'y seraient livrés à des orgies.

De véritables diabolistes ?

Il serait plus facile de croire que les moines de Medmenham étaient de véritables diabolistes si Selwyn avait été de leur nombre, car ses impulsions érotiques semblent avoir pris la forme d'un intérêt obsessionnel pour les cadavres : un homme sur son lit de mort aurait déclaré à son valet : « Si M. Selwyn me rend visite, faites-le entrer. Si je suis encore vivant, je serai heureux de le voir, et si je suis mort, c'est lui qui sera heureux de me voir. »

En réalité, les rites auxquels participaient Dashwood et ses amis étaient sans doute simplement la vénération de Vénus, déesse de l'amour, accompagnée du « sacrifice » de victimes volontaires – c'est-à-dire des prostituées – par la méthode évidente. C'est ce qu'explique son seul biographe sérieux, Eric Towers.

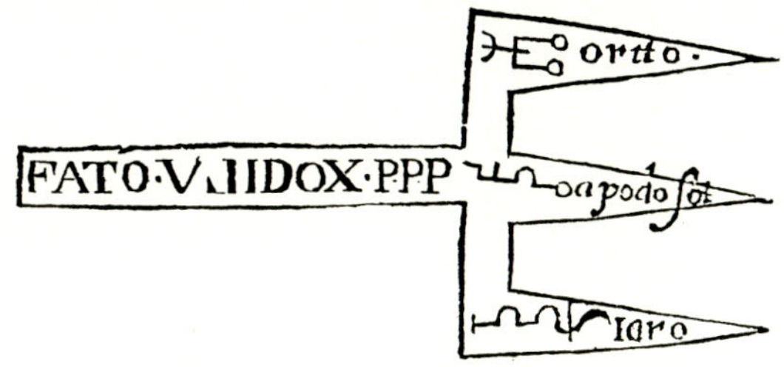

Sir Francis Dashwood (1708-1780) représenté (à gauche) sur une gravure satyrique de Hogarth sous les traits d'un adorateur de la déesse Vénus. D'autres affirmaient que Dashwood était un sataniste. En réalité, son Feu de l'Enfer était consacré à la paillardise davantage qu'à la magie, et n'était pas plus diabolique que le Club Knucklebone de William Innes (ci-dessous).

Le prétendu « club du feu de l'enfer » n'était rien de plus qu'une société secrète vouée à l'ivresse et à la débauche. Il s'agissait d'une société secrète quasi-maçonnique de golfeurs de Blackheath, en Angleterre, dont les membres avaient certains toasts favoris, notamment « Bâtons raides et balles dures », révélateurs de la nature de ses activités privées. Par la suite, il semble que les groupes qui apparurent étaient plus réellement sataniques.

LES PRETRES DES TENEBRES

En 1839, Eugène Vintras, contremaître catholique et très pieux d'une usine de boîtes en carton, fit l'aumône à un vieux clochard. Quand le vagabond fut parti, Vintras s'aperçut qu'il avait laissé son argent derrière lui. Avec l'argent se trouvait une lettre, adressée à Vintras. Cette lettre contenait une « réfutation d'hérésie » si convaincante que Vintras décida que son auteur ne pouvait être que l'Archange Michael.

« L'œuvre de pitié »

Peu après, l'Archange, ainsi que d'autres êtres célestes, commencèrent à apparaître à Vintras sous forme de visions, lui disant qu'il devait fonder un nouveau groupe religieux, « l'œuvre de pitié », et que la « troisième époque », celle du Saint-Esprit, était sur le point de commencer. Cette dernière perspective, consistant à faire revivre une hérésie médiévale associée à l'aile extrême des Franciscains, fascina tellement Vintras qu'il se transforma en orateur convaincant et attira bientôt un certain public. Parmi ses disciples se trouvaient deux prêtres : « l'œuvre de pitié » était ainsi créée, et Vintras et ses prêtres disciples commencèrent à célébrer une messe non orthodoxe, le Sacrifice Provictimal de Marie, dans un petit oratoire de Tilly.

La célébration de cette messe et d'autres par des prêtres de l'église du Carmel, nom finalement adopté par ce groupe, était excentrique. C'est ainsi que Vintras portait des vêtements religieux comportant une croix renversée, que le Saint-Esprit – sous forme d'un pigeon – sur son épaule, et des taches de sang apparaissaient sur les hosties qu'il avait consacrées.

Tout cela sembla douteux aux autorités de l'Église. Vintras affirmait que la croix inversée qui ornait ses vêtements sacerdotaux symbolisait « la fin de l'époque du Fils et le début de celle du Saint-Esprit ». Mais l'évêque de Bayeux estimait que cela rappelait un peu trop les messes noires (voir page 46) et il dénonça Vintras et son mouvement. En 1848, neuf ans après la visite de l'Archange, le Pape excommunia officiellement Vintras et ses « prêtres des ténèbres ».

Trois ans plus tard, Vintras fit l'objet d'une attaque de la part de certains de ses anciens associés. Ils affirmèrent qu'il conduisait des messes blasphématoires lors desquelles lui-même et sa congrégation étaient nus. Il avait appris à certains d'entre eux à réciter une messe spéciale en se masturbant devant l'autel. En bref, c'était un hérétique et un blasphémateur, probablement possédé par les démons.

Vintras (ci-dessous) fonda une secte étrange qui fascina les artistes décadents de la fin du siècle dernier, tels qu'Odilon Redon (1840-1916), dont le Pégase Triomphant *(à gauche) comporte des influences mystiques. Levi, qui dessina le sceau (à droite), traita Vintras de sataniste.*

Un talisman du mal

Parmi ceux qui perçurent une tendance diabolique chez Vintras se trouvait un occultiste français, Eliphas Levi, adepte de la doctrine des correspondances – l'idée selon laquelle il existerait des liens occultes entre des choses apparemment différentes – qui pensait avoir atteint une parfaite compréhension de tous les mystères de la magie. Levi avait examiné l'une des hosties de Vintras sur laquelle étaient apparues des taches de sang, et avait constaté qu'elle portait une étoile à cinq branches. De plus, elle était inversée, deux pointes se trouvant au-dessus.

Levi pensait qu'un tel pentagramme inversé était un talisman – une mascotte dotée de pouvoirs magiques – du mal, symbolisant le « triomphe du mal sur l'esprit ». Levi n'expliqua cependant jamais comment il avait déterminé le haut et le bas d'une hostie ronde. Les récits racontés par les ex-disciples sont également douteux. Vintras était sans doute plus fou que méchant, mais l'homme qui lui succéda en 1875 était nettement pire : sorcier, meurtrier et pervers sexuel.

LE MAL SECRET

Le romancier J.K. Huysmans, qui étudia à la fois la magie et le catholicisme, fut à une époque l'ami et le disciple du sinistre Boullan, qu'il appela le « Dr. Johannes » dans son roman occulte intitulé Là-bas.

Il peut exister un doute raisonnable quant à savoir si Vintras était un adepte de la magie noire qui se drapait dans une robe de piété catholique ou un enthousiaste qui dévia vers l'hérésie – un fou, peut-être un fou arrogant, mais, en tout cas, pas un *pervers*. Il serait plus charitable d'adopter ce dernier point de vue et de considérer Vintras comme un homme dont le désir de converser avec les anges et les archanges – afin d'obtenir une sagesse cachée – le conduisit à chercher les connaissances interdites et à tomber dans un gouffre d'illusion de grandeur.

On ne saurait faire preuve de la même charité envers le successeur de Vintras au titre de « pontife du Carmel », une brute d'une hypocrisie étonnante du nom de Boullan, que cet auteur considère comme un authentique pratiquant de la magie noire, héritier spirituel du révoltant abbé Guibourg (voir page 46).

En 1884, Boullan, alors prêtre catholique âgé de trente ans, devint le confesseur d'une jeune nonne du nom d'Adèle Chevalier. Peu après, celle-ci quitta son couvent pour devenir la maîtresse de son confesseur, à qui elle donna au moins trois enfants. Ils ne perdirent pas complètement la foi, mais développèrent une variante déplaisante et perverse du mysticisme catholique, dans lequel apparaissait un érotisme pervers qui incluait des éléments de scatologie.

« La société pour la réparation des âmes »

Ce couple fonda un organisme au nom impressionnant, « la société pour la réparation des âmes », dont la spécialité consistait à traiter les problèmes spirituels de ceux qui se croyaient victimes de la magie noire ou d'une possession démoniaque. Leurs méthodes de traitement, notamment en leur faisant manger un mélange d'hosties consacrées et d'excréments, soulevèrent les soupçons et on se demanda s'ils ne pratiquaient pas eux-mêmes la magie noire.

Ces soupçons étaient parfaitement justifiés. Un document préservé dans les archives du Vatican montre que le 8 janvier 1860 Boullan célébra une messe noire comprenant le sacrifice sanglant d'un enfant. La victime était son propre fils, et l'acolyte qui l'assista dans ce rite n'était autre que la mère de l'enfant, Adèle Chevalier.

Boullan réussit malgré tout à convaincre suffisamment de membres de la secte de Vintras de sa piété pour s'assurer qu'une section de l'Église du Carmel le choisisse comme successeur du prophète à sa tête.

Centre de religion érotique

Sous la direction de Boullan, l'Église du Carmel devint un centre de religion érotique, même si les rites secrets n'impliquaient qu'un cercle restreint d'initiés. Des documents survivent qui indiquent que, comme un certain nombre de cultistes passés et présents, Boullan enseignait que la Chute d'Adam et Ève était de nature sexuelle – le serpent de la Genèse représentant les organes génitaux de l'homme – et que la Chute par le sexe devait être équilibrée par une rédemption par le sexe. Cela devait s'accomplir d'abord par une copulation avec des animaux et, ensuite, par des activités sexuelles avec les anges, les archanges et les esprits des morts.

Ces leçons étaient données par le renégat Boullan d'une manière totalement littérale. Certains de ses disciples se livrèrent sans aucun doute à la bestialité, et ils pensaient également s'accoupler avec des anges et les esprits des morts. Les raisons qui les incitaient à le croire ne sont pas de notre propos ici. L'Église Catholique de France comprit que Boullan et ses disciples s'adonnaient à des pratiques sataniques. Naturellement, les autorités s'en inquiétèrent, et, inévitablement, on exagéra les dimensions du problème. Cela attira l'attention de l'un des plus grands mystificateurs de l'histoire : « Leo Taxil ».

L'ABBÉ BOULLAN (DOCTEUR JOHANNÈS)
Exorciste, mort en 1893.)

Ci-dessus, le méprisable Boullan, chef de ce qu'il appelait l'Église du Carmel : c'était sans aucun doute un véritable sataniste. Il enseignait une diversité déplaisante de pratiques de magie sexuelle, et lors d'une messe noire, il sacrifia son propre enfant à Satan. Les activités occultes de Boullan faisaient l'objet d'une opposition féroce de la part des initiés d'une société de magie blanche qui s'intitulait la Rose-Croix Kabbalistique. A un moment, les dirigeants de la Rose-Croix Kabbalistique, parmi lesquels l'organisateur du Salon Rose-Croix (voir affiche à droite) furent accusés du « meurtre magique » de Boullan.

DIANA ET LES DEMONS

A la fin du siècle dernier, la hiérarchie de l'Église française commença à faire preuve d'une remarquable crédulité envers la magie noire. Des ecclésiastiques par ailleurs très sains parvinrent à croire certaines informations hautement improbables, par exemple, que la reine Victoria se serait adonnée à des orgies sexuelles révoltantes de nature satanique, que les plus hautes sphères de la franc-maçonnerie étaient dominées par des adeptes de Lucifer, et qu'il était vital pour l'avenir de l'humanité qu'une femme nommée Diana Vaughan se convertisse au catholicisme.

Tous ces récits étaient dus à un petit groupe de mystificateurs qui avaient conspiré pour ridiculiser l'Église et sa hiérarchie. Le meneur de ce groupe était Leo Taxil, de son véritable nom Gabriel Jogand-Pages, qui publia sous différents noms des livres et des pamphlets faisant des affirmations extraordinaires dont des échantillons se trouvent dans le paragraphe précédent.

Les palladiennes

Diana Vaughan était le personnage central de tous ces récits. Elle était à la tête des Palladiennes, une secte de femmes appartenant à la franc-maçonnerie, et descendante directe de Thomas Vaughan, l'écrivain alchimiste du dix-septième siècle. Celui-ci, à l'insu de tous ceux qui lui consacrèrent des livres, avait été l'exécuteur de l'archevêque Laud et s'était rendu en Nouvelle-Angleterre pour s'accoupler avec Astarte, un démon féminin.

Non seulement certains croyaient à ces récits, et à d'autres, tout aussi stupides, mais ils devinrent peu à peu convaincus que Leo Taxil, qui avait osé dire la vérité sur la maçonnerie, était un homme d'une très grande valeur, peut-être même un saint, et qu'en tant que tel il était capable d'accomplir des miracles. Taxil racontait qu'un prêtre de campagne lui avait un jour rendu visite pour lui demander de réaliser un petit miracle. Le prêtre l'avait supplié de

L'extrême piété manifestée par certaines sociétés religieuses comme la Fraternité de l'Église de St-Gonzalo à Séville (à droite) peut parfois conduire à une crédulité excessive dans le domaine du surnaturel. Cette crédulité explique le succès d'une remarquable série de supercheries perpétrées en France au siècle dernier par Leo Taxil et ses associés.

transformer une chaise en parapluie ou en canne. Quand Taxil avait expliqué qu'il n'était pas en mesure d'accomplir des miracles, le prêtre l'avait quitté, en s'émerveillant de l'humilité de ce saint homme. Par la suite, le prêtre envoya à Taxil un énorme fromage, dont le tour était orné de paroles pieuses et de symboles mystiques.

La duperie de Taxil

Un personnage plus important fut également dupé par Taxil : le pape Léon XIII, qui accorda une audience au mystificateur et lui avoua qu'il appréciait ses écrits anti-maçonniques. Il voulait sans doute dire qu'il approuvait leur teneur générale, et non qu'il croyait à chacune des affirmations de Taxil – il semble en effet peu probable que Sa Sainteté ait pu croire, par exemple, qu'aux États-Unis Satan apparaissait chaque vendredi après-midi lors d'une réunion de francs-maçons à Charleston.

Le pape Léon XIII (ci-dessus à gauche), accorda un crédit au moins partiel aux étonnantes affirmations du mystificateur Leo Taxil – qui prétendait notamment que de nombreux francs-maçons se livraient à des activités occultes et que les dirigeants pratiquaient la magie noire. En effet, certains francs-maçons pratiquaient en effet la magie, notamment F.L. Gardner, dont le certificat « Rosicrucien » est reproduit ci-dessus.

Le 19 août 1897, Taxil détruisit le mythe qu'il avait si soigneusement monté avec ses complices. Il fit une conférence publique lors de laquelle il avoua sa duperie contre l'Église, la qualifiant de « petite comédie », et déclara qu'il était « désolé si quelqu'un en avait souffert ». Ses paroles ne reflétaient absolument pas sa pensée : il s'était toujours opposé à l'Église et avait cherché à blesser sa hiérarchie. Il y était parvenu.

Il est possible que le nuage de fumée projeté par Taxil ait dissimulé une authentique étincelle de magie noire : en 1895, un procès avait prouvé en France l'existence d'une secte satanique pseudo-maçonnique.

LES SERVITEURS DE SATAN

L'existence réelle d'une petite secte pseudo-maçonnique française qui initiait les hommes et les femmes à ses mystères et adorait Lucifer fut peut-être la source d'inspiration pour les fausses révélations faites par Leo Taxil (voir page 58).

Cette possibilité fut suggérée par H.T.F. Rhodes dans son livre *La messe satanique*, publié en 1954, qui fondait son argument sur un étrange procès en diffamation intenté, et gagné, par une Française apparemment très respectable du nom de Lucie Claraz.

Cette affaire, qui ne fut jugée qu'en 1895, était née quelques années plus tôt, lorsque le beau-frère de cette femme, Charles Steckelin, qui semble avoir été un désagréable excentrique, décida de devenir serviteur de Satan. Pour cela, soit il fonda un nouveau culte de vénération du diable, soit, ce qui est plus probable, il se joignit à un groupe existant de francs-maçons en quête des connaissances interdites et parvint finalement à prendre la tête de cette organisation, qu'il transforma en « Église » luciférienne.

Messes blasphématoires

Les rites du groupe « maçonnique » de Steckelin étaient célébrés dans une caverne artificielle construite dans son jardin. Cette caverne abritait deux autels – l'un pour les « sacrifices », ce qui, dans ce contexte, signifiait probablement une activité érotique plutôt que le versement réel de sang, et l'autre pour la célébration de ce que l'on décrivait comme des « messes blasphématoires ».

Lucie Claraz, reconnue par tous ses amis comme une catholique très pieuse, affirma avoir été horrifiée par les activités menées par son beau-frère. Elle les dénonça, et établit une petite société opposée à la magie noire, dont elle était elle-même trésorière. Une chose est pourtant surprenante : quand Steckelin connut des difficultés financières – son hobby satanique semble avoir été assez coûteux – Lucie Claraz lui accorda un prêt substantiel.

Lorsqu'un journaliste de la *Revue du Diable* eut connaissance de cette étonnante transaction financière, il la dénonça, ainsi que Lucie Claraz. Il affirma que cette femme était parfaitement hypocrite : le prêt accordé à Steckelin provenait des abonnements à sa société anti-satanique. Elle avait donc utilisé de l'argent catholique pour subventionner les serviteurs de Satan.

Le journaliste expliqua qu'il ne s'agissait pas d'une loyauté familiale qui aurait pris le pas sur des divergences d'opinion : Lucie Claraz, affirma-t-il, était elle-même sataniste, et, sous le titre de « Diodata-Lucifer » (haute prêtresse de ce culte), elle avait assisté à des parodies blasphématoires de messe, et offert des sacrifices à Lucifer.

Les amis de Lucie Claraz crurent ces propos, et s'éloignèrent immédiatement d'elle. Pire encore, lorsqu'elle se rendit à l'église de sa paroisse, le prêtre lui refusa la communion.

Attaque en diffamation

Elle attaqua en justice la *Revue du Diable*, et se vit accorder 5 000 francs de dommages et intérêts pour ce que le juge décrivit comme une attaque diffamatoire totalement dénuée de fondement. Et pourtant... et pourtant... l'auteur de cet ouvrage ne peut s'empêcher de se demander si cette femme méritait *vraiment* ces 5 000 francs de dommages et intérêts.

Il fut clairement prouvé devant le tribunal que Charles Steckelin était le chef d'une étrange société célébrant des rites encore plus étranges. Il fut également démontré qu'une femme non identifiée, se faisant appeler Diodata-Lucifer, tenait un rôle important dans ces rites, et il ne fait aucun doute que Lucie Claraz prêta de l'argent à Steckelin.

Depuis le milieu du siècle dernier, certains individus ont exprimé une admiration quasi-politique pour Lucifer (ci-dessus à gauche), pour Satan, l'éternel adversaire de Dieu, et même pour Belzebuth, seigneur des mouches (à droite). Ces « satanistes politiques » considèrent le diable comme l'allié de l'humanité contre un Dieu injuste. Ils considèrent Dieu comme un despote et ont proclamé, selon les termes de Michael Bakunin : « Si Dieu existe, il faut l'abolir ». Cette théologie anarchiste inspira peut-être les dirigeants des sectes sataniques du dix-neuvième siècle.

Zombies et démons aux yeux rouges

Les morts vivants, et les vivants qui préféreraient être morts : victimes des pires aspects de la quête des connaissances interdites.

LES JACOBINS NOIRS ET LES ANCIENS DIEUX

Les objets utilisés dans les rites vaudous ainsi que les animaux bénéficiant d'une réputation surnaturelle ; un tableau du vingtième siècle de Jacques Gourgue.

Le vaudou: religion africaine authentique ou magie noire? C'est peut-être les deux à la fois: à l'origine, un culte spirituel africain, similaire à ceux que l'on trouve au Dahomey ou en Achanti, mais pollué par des éléments d'une version très dégénérée de la magie rituelle européenne?

Le vaudou: superstition idiote?

Au dix-huitième siècle, les propriétaires francophones de plantations de ce qui est aujourd'hui la république d'Haïti n'avaient aucun doute quant à la réponse. Ils pensaient que le vaudou était au mieux une superstition idiote, et au pire une magie noire de l'espèce la plus dangereuse. C'était sans doute dangereux pour eux, car, en 1791, c'est une cérémonie vaudoue, une invocation des anciens dieux d'Afrique, qui marqua le début du soulèvement des esclaves qui conduisit finalement à la destruction du régime des plantations et à l'instauration de la république indépendante d'Haïti, gouvernée par les Jacobins noirs. Les « Jacobins noirs » étaient des républicains d'origine africaine ou mulâtre, qui pensaient que liberté, égalité et fraternité étaient des principes applicables à la vie des hommes et des femmes de toutes couleurs, et pas seulement aux Européens.

La société d'Haïti au dix-huitième siècle (alors appelée Saint-Domingue) était pyramidale. Au sommet de la pyramide se trouvaient 40 000 Français; à sa base, les esclaves noirs, dont le nombre atteignait peut-être 500 000; entre les deux, se trouvaient 30 000 mulâtres, souvent traités avec dédain par les Français de métropole, bien qu'ils leur soient généralement supérieurs par l'éducation et la culture.

La Révolution Française de 1789 provoqua presque immédiatement une amélioration du sort des mulâtres, mais la vie des esclaves demeura aussi misérable qu'auparavant, une ronde presque incessante de travail et de sommeil, qui ne s'achevait que par la mort. Leur désir de liberté, qui depuis presque un siècle, ne s'était exprimé que par des soulèvements mineurs, atteignit son point culminant: la révolte des esclaves commença à sembler très envisageable.

A ce stade, un mystérieux individu du nom de Boukman entra en action.

Ci-dessus, en bas, les préparatifs d'une cérémonie vaudoue, lors desquels un vever *mystique est tracé sur le sol. En haut, la cérémonie vaudoue elle-même, avec les bougies qui brûlent et une bouteille de* clairet *posée à l'intérieur d'un* vever *comme offrande au* loa *invoqué par les danseurs.*

Cérémonie secrète

Pour des raisons qui n'ont jamais été expliquées de façon satisfaisante, Boukman acquit rapidement une influence considérable sur la population des esclaves, et quand, en août 1791, il rassembla tous ceux qui voulaient la liberté pour une cérémonie secrète, des milliers d'hommes et de femmes répondirent à son appel.

Lors de cette réunion, rendue encore plus spectaculaire par l'éclatement soudain d'un orage tropical, Boukman sacrifia un porc aux anciens dieux d'Afrique et appela tous ceux qui voulaient la liberté à goûter son sang. Beaucoup lui obéirent, avant de le rejoindre dans une danse rituelle.

Au cours des jours suivants, les danseurs menèrent des révoltes qui aboutirent à la destruction de toutes les grandes plantations. Les Français s'accrochèrent encore au pouvoir pendant douze ans, mais la conséquence finale du rite de Boukman fut l'instauration de la république d'Haïti.

LES MORTS VIVANTS

La nature exacte des croyances et activités religieuses et magiques de Boukman (voir page 63) ne sera peut-être jamais connue, mais il est raisonnable de penser qu'elles étaient similaires, sur le fond, à celles du vaudou moderne.

Création de zombies

Dans ce cas, il croyait sans aucun doute à l'existence d'*hungans*, ou prêtres vaudous, qui « travaillaient de leurs deux mains » – autrement dit, qui pratiquaient la magie noire. Ce sont ces hommes mauvais, également appelés *bokors* ou sorciers, qui seraient responsables de la création des sinistres morts vivants, communément appelés « zombies ».

Dans les croyances haïtiennes associées au vaudou et à la magie noire, un zombie est, comme le vampire de la tradition européenne, un mort doté d'une vie artificielle. Contrairement au vampire cependant, le zombie n'est pas une créature indépendante, qui soumettrait les vivants à sa volonté néfaste. Le zombie est un robot, un corps qui marche et qui respire, mais qui reste l'esclavage du magicien qui l'a programmé pour accomplir des tâches monstrueuses.

Des histoires très étranges

Selon la tradition haïtienne, les sorciers tirent les corps récemment enterrés de leur tombe, leur redonnent l'ombre de la vie au moyen de sortilèges monstrueux, et les utilisent comme esclaves ou comme robots biologiques. On peut rencontrer des zombies partout, mais ceux qui ont connaissance de leur existence les distinguent à certains signes infaillibles. C'est ainsi qu'ils basculent d'un pied sur l'autre en marchant, que leur regard est fixe, et que leur voix est généralement nasillarde. Il arrive qu'on rencontre de nombreux zombies ensemble. Selon un récit, tout un groupe de laboureurs travaillant pour la compagnie Haitian American Sugar après l'abondante récolte de 1918 auraient été en fait des zombies travaillant sous la direction d'un

magicien noir du nom de Ti Joseph, qui empochait leur maigre salaire et les nourrissait uniquement de bouillie d'avoine non salée. Non salée, car un zombie qui goûte du sel ou de la viande prend immédiatement conscience de sa misérable condition, échappe au contrôle du sorcier et retourne à sa tombe.

C'est une bien étrange histoire, provenant d'une source douteuse – W.B. Seabrook – proche ami d'Aleister Crowley, à qui il arrivait d'enjoliver la réalité. D'autres histoires de zombies ont été mieux authentifiées, comme celle que racontait l'écrivain Stephen Bonsal :

> *Un homme... souffrait à intervalles réguliers d'une forte fièvre... il s'était rendu dans une mission étrangère, et le responsable de la mission... vit ce patient mourir... il assista à ses obsèques... et vit l'homme se faire enterrer. ... quelques jours plus tard, l'homme qui était censé être mort fut retrouvé, vêtu d'un linceul, attaché à un arbre et gémissant... le pauvre retrouva sa voix, mais pas son esprit. Il fut... identifié par sa femme, par le médecin qui l'avait déclaré mort, et par l'homme d'église... La victime ne reconnut personne, et passa ses jours et ses nuits à marmonner des paroles inarticulées que nul ne comprenait...*

Ce récit date de 1912. Il existe d'autres histoires similaires et plus récentes. C'est ainsi que l'anthropologue Francis Huxley rapporta qu'en 1959 un zombie fut retrouvé errant dans les rues d'un village, et reconnu par une femme comme son neveu, censé être « mort » et enterré depuis quatre ans.

Comme nous le verrons, d'autres éléments que la magie noire peuvent être impliqués dans ces affaires étranges.

A gauche, des « morts ambulants » : une représentation imaginative des zombies, des corps tirés de la tombe par des pratiquants de la magie noire et dotés d'une vie artificielle, travaillant dans les champs de canne à sucre lors de l'abondante récolte de 1918. La population rurale d'Haïti croit fermement que des groupes entiers de zombies sous le contrôle de sorciers travaillèrent pour la compagnie American Sugar durant l'occupation de leur pays par les États-Unis. A droite, Francina, une femme zombie, qui a retrouvé sa famille, en bonne condition physique, mais toujours soumise à la volonté des autres.

Un vever, *l'un des symboles magiques utilisés dans les rites employés dans les variétés les plus inoffensives comme les plus sinistres du vaudou haïtien. Les* vevers *sont des motifs composés influencés à la fois par la magie rituelle européenne et par les religions africaines.*

AMES PERDUES, YEUX ROUGES

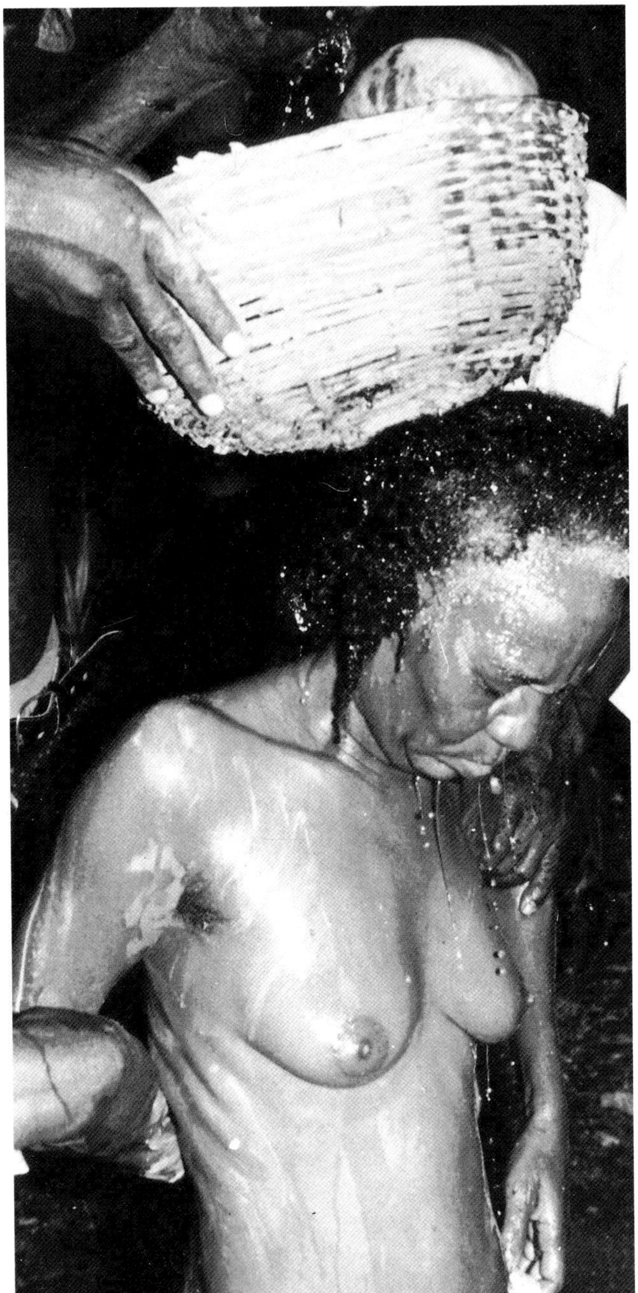

Une cérémonie de guérison vaudoue. Cette femme, souffrant de graves troubles mentaux, fut apparemment guérie par un rite lors duquel un prêtre vaudou versa notamment sur elle le sang d'un poulet sacrifié.

Si les zombies, ces cadavres ambulants et esclaves du folklore haïtien, existent vraiment – et de nombreuses preuves semblent indiquer qu'ils existent – il est possible qu'ils aient été réduits à leur condition pitoyable par l'utilisation d'une connaissance interdite étrangère à la magie noire.

La pharmacologie interdite

L'idée selon laquelle des hommes et des femmes peuvent être réduits à l'état apparent de cadavres par l'utilisation d'une « pharmacologie interdite » – une connaissance des mystérieuses propriétés des substances végétales – est assez ancienne. Dès 1789, des preuves furent présentées à une commission enquêtant sur l'esclavage dans les Antilles britanniques selon lesquelles des prêtres obis (voir page 63) impressionnaient leurs clients en leur « montrant un Noir apparemment mort qui, par la vertu de leur art, se rétablissait rapidement. » Des détails de ce procédé furent fournis, il y a plus de 150 ans, par l'écrivain anglais Matthew Lewis, qui en fut témoin à la Jamaïque :

> *Le sorcier déverse différentes poudres sur la... victime... l'oblige à boire une liqueur spécialement préparée et... le saisit, puis le fait tournoyer jusqu'à ce que l'homme... tombe à terre, semblant selon toutes les apparences et dans l'esprit des spectateurs parfaitement mort.*

A la suite de ce rituel, poursuivit Lewis, le corps restait étendu sur le sol pendant deux ou trois heures, pendant que le prêtre ōbi et ses assistants allaient chercher des herbes dans la forêt. A leur retour, ils versaient des extraits de ces herbes dans la bouche de l'homme prétendu mort. Ils humidifiaient également ses yeux ainsi que les extrémités de ses doigts. Pendant ce temps, le sorcier entonnait ce qui ressemblait fort à des sorts magiques – que Lewis décrivit comme des « sons intermédiaires entre un chant et un hurlement ». Finalement, conclut Lewis, il avait vu ce corps apparemment sans vie « se ranimer » et se relever du sol.

Il n'y a pas de raison de douter de la véracité du récit de ce témoin : Lewis pensait manifestement avoir été victime d'une habile supercherie, et il semble tout à fait possible que les sorciers de Jamaïque et d'Haïti connaissent des drogues végétales capables d'induire des transes cataleptiques tellement profondes qu'elles ressemblent à la mort.

Les plantes toxiques

Il existe un important folklore concernant la nature exacte de ces potions. C'est ainsi qu'on prétend que les « médicaments » utilisés par les sorciers haïtiens transformeraient des êtres humains dotés d'intelligence en zombies automates au moyen d'une potion composée à l'aide de deux plantes très toxiques – la datura et la belladonne – et ajoutée au liquide émanant des narines d'un cadavre.

Cette recette est presque certainement pure fantaisie. Il est cependant possible qu'il existe des composés végétaux permettant de provoquer un état de zombie. A ce sujet, il est intéressant de noter que le Dr Antoine Villiers, un médecin français qui exerça à Haïti pendant les années 1920, confia à un journaliste américain qu'il était convaincu que certains individus qu'il avait rencontrés dans les régions rurales d'Haïti et qui semblaient atteints de troubles importants du cerveau « avaient été tirés de leur tombe où ils gisaient dans leur cercueil ».

Peut-être les zombies existent-ils, peut-être pas ; en tout cas, bon nombre d'Haïtiens y croient, certains affirment en avoir rencontré.

Ci-dessus, une femme tombe au sol sur un vever *(un symbole magique) tandis que commence la possession d'un esprit. Ces pertes de connaissance temporaires sont souvent très spectaculaires, car le fidèle semble être tombé raide mort. D'une certaine manière, il est bien mort pour le moment : sa conscience quotidienne a disparu et depuis les profondeurs de son esprit, ou selon certains, depuis les profondeurs du monde des esprits, un autre être s'est manifesté et a pris le contrôle du corps du fidèle. Ci-dessous, des danseurs autour d'un arbre sacré. Sur une table se trouvent des objets rituels occultes.*

LES DIEUX DU CIMETIERE

Les zombies, comme nous l'avons expliqué au chapitre 4, sont parfois reconnaissables à leur curieuse voix nasillarde. On peut supposer que cette sonorité étrange est associée à la mort par les Haïtiens ordinaires, dans la mesure où la coutume veut qu'à la campagne, on place du coton dans le nez des morts.

Les dieux vaudous

La même voix nasillarde est la caractéristique des Guédé, une famille d'environ 30 *loa* ou dieux vaudous, qui se consacrent à *Eros* et *Thanatos*, respectivement l'amour sexuel et la mort. Le plus célèbre membre de cette famille est le baron Samedi : une très ancienne tradition lie le « jour de Saturne » à la mort, la tombe et, assez étrangement, une sexualité interne et généralement obscène. Les parents les plus éminents de ce baron sont Maman Brigitte, le baron Cimetière, le baron Croix et Nibo, filleul d'Ogun, dieu vaudou de la guerre et de la métallurgie.

La plupart des Haïtiens des campagnes ont aperçu à un moment ou à un autre un ou plusieurs membres de la famille Guédé, ou plus précisément, ont vu des individus qui se croyaient possédés par un membre de cette sinistre famille. Cette partie de la population d'Haïti croit fermement à la réalité de ces possessions ; cela représente peut-être plus de la moitié des Haïtiens qui acceptent qu'il existe au moins une certaine part de réalité dans les doctrines vaudoues.

Un tableau du vingtième siècle, par l'artiste haïtien Gérard Valcin, d'une cérémonie vaudoue célébrée autour d'un arbre. L'arbre symbolise parfois Loco, le dieu vaudou associé à la végétation et à l'agriculture. Mais, plus fréquemment, l'arbre représente l'habitat cosmique du dieu serpent Damballah.

En effet, la principale caractéristique du vaudou, de même que celle des cultes d'Afrique occidentale dont ils émanent, tient au fait que les fidèles sont fréquemment possédés par un *loa* particulier. Dans cet état, le fidèle adopte les caractéristiques traditionnellement associées à cet être. C'est ainsi qu'un homme possédé par Loco, dieu de la végétation, se comportera généralement comme un fermier prospère dont les récoltes sont abondantes ; plus rarement, il aura l'illusion temporaire d'avoir été transformé en arbre. Selon de nombreux Chrétiens, un homme qui se comporte ainsi est obsédé par un esprit malin : c'est une victime, généralement consentante, de la magie noire. Du point de

A gauche, la cour d'un temple vaudou dans la capitale d'Haïti, Port-au-Prince. C'est dans ces cours que les principaux rites vaudous sont presque toujours célébrés. A l'exception de certaines cérémonies de guérison et d'exorcisme, les rites sont très structurés. Les rythmes de musique et de percussions (ci-dessous) sont utilisés pour appeler les Loa *dans le corps de leurs adeptes, qui sont alors « chevauchés par les cavaliers des esprits ». Autrement dit, les fidèles du culte sont induits dans un état de « conscience dissociée ».*

vue du psychiatre classique, il s'agit plutôt d'une « dissociation de conscience » temporaire, sa conscience quotidienne s'est déconnectée et le subconscient a pris le contrôle du corps.

Le culte des morts

Les possessions expérimentées par les initiés du culte des morts – les adeptes vaudous des dieux du cimetière – sont extrêmement spectaculaires et se produisent parfois dans des circonstances surprenantes et embarrassantes.

C'est ainsi que lors de la fête des Palmes, un événement important du calendrier de l'Église catholique d'Haïti, l'anthropologue Melville Heskovits vit un catholique apparemment très pieux passer sous le contrôle du baron Samedi : de toute évidence, l'individu possédé était un initié du culte des morts.

Les possessions par les Guédé surviennent le plus souvent le « jour des morts » – le 2 novembre – lorsque les initiés du culte se rendent dans d'obscurs cimetières pour se livrer à leurs rites étranges. Certains d'entre eux portent simplement des vêtements de deuil, noirs et violets. D'autres, portant des lunettes noires, sont vêtus comme des croque-morts du siècle dernier, jusqu'au chapeau haut de forme et à la jaquette. Une petite minorité adoptent l'apparence de cadavres, portant des linceuls et des morceaux de coton dans les narines. L'apparence de ces adeptes sinistres est rendue encore plus grotesque par le fait que certains portent de gros phallus artificiels attachés autour de la taille.

POSSEDES PAR LA CONCUPISCENCE

Les réunions organisées par les membres du culte vaudou des morts qui se produisent le jour des morts (voir page 69) sont évitées, même par ceux qui se livrent à d'autres rites vaudous. Outre le fait qu'il est effrayant de rencontrer ses voisins habillés en cadavres et apparemment possédés par l'un ou l'autre des dieux du cimetière, l'étranger qui s'infiltre dans ces célébrations risque fort de se faire attaquer – certains Guédé ont tendance à être violents – et soumis à des abus obscènes.

La danse de la «banda»

De telles réunions ont néanmoins été discrètement observées par des enquêteurs, et, selon leurs rapports, il apparaît clairement que l'élément le plus important des rites est la danse de la *banda.*

L'auteur de ce livre n'a jamais assisté à cette danse, mais l'un de ceux qui l'ont vu la lui a décrite comme « de nature nettement sexuelle, allant jusqu'à l'obscénité ». Elle comporte des actes simulés de copulation, les hommes munis de phallus artificiels faisant mine de violer des femmes parmi les fidèles, ainsi que d'autres activités étranges. A intervalles réguliers, les adeptes entonnent des chansons obscènes, racontent des plaisanteries tout aussi obscènes, et d'étranges conversations ont lieu, durant lesquelles des mots ordinaires de créole sont mal prononcés et prennent d'autres significations.

Quant aux fidèles réellement possédés par des Guédé, ils se comportent de manière encore plus surprenante : ils versent de l'alcool de canne dans leurs oreilles et leurs narines, boivent une sorte de rhum épicé, un mélange composé d'alcool de canne, de poudre à fusil et de 21 types de poivre différents, avant d'attaquer et de voler les participants de la danse qui ne sont pas possédés. On peut supposer que les objets volés sont rendus à leurs propriétaires au terme de la possession par les esprits.

Que les adeptes des Guédé soient ou non possédés par des esprits malins, il semble en tout cas qu'ils soient possédés par la concupiscence sous ses formes les plus violentes et les plus révoltantes.

Une adepte vaudoue « chevauchée », ou possédée par l'un des loa, *les dieux et déesses de cette religion hybride. Dans les régions rurales d'Haïti, les phénomènes associés à une prétendue possession par les esprits surviennent si fréquemment qu'il est difficile de les considérer comme de simples symptômes d'une anomalie mentale.*

Un rite vaudou du genre que certains anthropologues disent « fabriqué pour les touristes américains ». Cette description est justifiée dans une certaine mesure ; toutefois, les danseurs entrent parfois dans un véritable état de transe durant lequel ils sont « possédés » par le loa, *autrement dit vivent une dissociation de la conscience.*

Possession par Erzulie

L'une des variétés les plus innocentes de la possession sexuelle – mais que l'Église d'Haïti considère tout de même comme appartenant à la magie noire – est associée à la vénération d'Erzulie, la déesse vaudoue de l'amour.

Erzulie est l'une des *loa* qui se manifestent le plus fréquemment lors des rites vaudous, parfois en « chevauchant » ou en possédant ceux qui assistent simplement à la cérémonie en observateurs, sans jouer un rôle actif dans les célébrations.

Une femme vécut cette étrange expérience : Maya Deren, une photographe du magazine *Time* qui visita Haïti en 1947 dans le but de filmer les danses qui constituent des éléments essentiels de la plupart des rites vaudous. Tandis qu'elle assistait à une danse, elle se surprit à réagir au rythme des percussions qui l'accompagnaient. Elle ressentit peu à peu l'impression de ne plus totalement contrôler son propre corps et d'être submergée par ce qu'elle appela unc « obscurité blanche ».

Finalement, cet étrange état psychologique se transforma en une véritable transe, et Maya Deren perdit la mémoire jusqu'à ce qu'elle reprenne conscience environ une heure plus tard. Durant cette perte de mémoire, elle découvrit par la suite qu'elle avait eu un comportement caractéristique d'une possession par Erzulie. Autrement dit, elle s'était comportée de manière exagérément féminine, parlant avec coquetterie, flirtant avec les fidèles masculins, demandant du parfum, des nourritures sucrées et des boissons encore plus sucrées – Erzulie avait le goût du vin sucré et pétillant – et soignant sa coiffure et son maquillage.

Un tableau du vingtième siècle représentant trois des loa, *par André Pierre. Le personnage central est Erzulie Freda, la déesse haïtienne de l'amour. Maya Deren, une photographe américaine qui visita Haïti en 1947, fut spontanément possédée par Erzulie alors qu'elle assistait à une cérémonie vaudoue. Durant cette possession, elle se comporta de manière totalement conforme aux attributs supposés d'Erzulie : elle flirta par exemple avec des fidèles masculins, demanda des produits de beauté et consomma des sucreries. Heureusement, Mlle Deren ne fut pas possédée par Erzulie sous son aspect démoniaque, dans lequel elle provoque des états de rage.*

Bien qu'une importante minorité de sa population vive dans une pauvreté misérable, le Brésil, contrairement à Haïti, est un pays industriel évolué qui ne peut être considéré comme appartenant au Tiers-Monde. Il abrite une unique variété de cultures — européenne, africaine et américaine — dont la sophistication apparaît dans la splendeur des costumes et des tenues de ces initiés du macumba.

YEMANJA ET EXU

Haïti n'est en aucun cas l'unique région d'Amérique dans laquelle on célèbre des rites religieux caractérisés par la possession par les esprits. Le Brésil, parfois décrit comme le pays comptant « la plus grande population catholique au monde », est par exemple le centre d'un certain nombre de cultes de ce genre que l'on appelle parfois collectivement « macumba ».

Cette terminologie n'est pas exacte. En fait, le Macumba est une danse fréquemment employée lors des rites de cultes comme l'Umbanda, influencé par le spiritualisme européen, le Candomblé, plus proche du vaudou d'Haïti, et la Quimbanda, qui est de la pure magie noire et concerne la vénération d'Exu ou de Satan.

Les rites de ce dernier groupe sont célébrés dans un grand secret, généralement dans une forêt épaisse, un immeuble isolé ou au croisement de chemins ruraux peu fréquentés. Les variétés plus innocentes des cultes de possession par les esprits sont en revanche célébrées assez ouvertement, soit dans des temples permanents dédiés aux divinités de la foi, soit en plein air.

La reine de la mer

Le plus grand de ces festivals en plein air se déroule sur la célèbre plage de Copacabana, à Rio, le soir de la Saint-Sylvestre, et la principale divinité invoquée est la déesse Yemanja. Le nom de cette déesse est tiré de deux mots de la langue Yoruba du Nigeria, signifiant « mère » et « poisson », de sorte que Yemanja est, d'une certaine manière, « la mère des poissons », ou la reine de la mer.

A la tombée de la nuit, les fidèles, certains seuls, d'autres en petits groupes, d'autres encore — qui parcourent des centaines de kilomètres dans des autocars spécialement affrétés pour assister au festival — en groupes très nombreux, commencent à allumer des bougies. Lorsque de nombreuses bougies sont allumées, que les tambours ont commencé à résonner, certains participants se mettent à danser.

Le Satan de la Quimbanda

Dans un premier temps, cette danse est assez anodine, mais, au fil des heures, elle prend un aspect plus intense, voire même frénétique. Finalement, une minorité des danseurs font l'expérience de ce que Maya Doren appelait « l'obscurité blanche », et les dieux descendent – parmi eux le dieu de la guerre de l'Umbanda, le dieu guérisseur appelé Vieil Esclave Noir (avec qui un ami de l'auteur de ce livre eut quelques intéressantes conversations) et, en de rares et néfastes occasions, apparaît même Exu, le Satan de la magie noire Quimbanda.

Si Exu ne fait l'objet d'une vénération que dans les plus sinistres des cultes brésiliens, il lui arrive d'entrer en possession de prêtres ou de prêtresses de rites plus innocents. L'écrivain américain David St Clair fut témoin d'une telle scène de possession, qu'il décrivit dans son livre, *Le tambour et la bougie*, publié en 1972.

Il assistait à un rite lors duquel la prêtresse était vêtue d'une tenue parfaitement ordinaire et immaculée du rite Candomblé. Soudain, elle quitta le temple, pour revenir quelques minutes plus tard, portant une tenue sale de satin rouge et autour du cou un cordon auquel était attaché le crâne d'un enfant avec ce qui ressemblait à un serpent pendant des orbites. Après avoir avalé une grande quantité de rhum, elle annonça qu'elle était Exu et qu'elle soulevait un sort qui aurait été jeté à M. St Clair par un pratiquant de la Quimbanda.

Ce genre de prévenance est très étonnant de la part d'Exu, et la plupart des Brésiliens qui croient en lui penseraient qu'il avait certainement en tête un motif ultérieur expliquant cette action apparemment bonne.

Ces participants enturbannés d'un rite macumba sont des adeptes de l'Umbanda, un système magico-religieux du Brésil qui ressemble beaucoup au vaudou d'Haïti, même si ses initiés sont généralement plus sophistiqués que les pratiquants du vaudou. Les rites de l'Umbanda, comme ceux du vaudou, concernent principalement la possession des esprits par les dieux et les déesses. Le rite particulier montré ici est un peu figé – un symptôme de l'influence spiritualiste.

LES POSSEDES

Ni un initié de l'un des cultes de possession des esprits, ni une personne croyant aux enseignements d'un tel culte ne peut jamais être vraiment sûr que les choses et les gens sont bien ce qu'ils semblent être.

Un arbre qui laisse obligeamment tomber un gros fruit succulent aux pieds d'un paysan haïtien qui marche sur une route qu'il ne connaît pas n'est sans doute rien de plus qu'un arbre. Il peut pourtant s'agir du *loa* de la végétation, « Loco » (voir page 68), qui montre une humeur agréable et joueuse. De même, le sympathique paysan rencontré sur la route, qui retire sa pipe de sa bouche et lance un salut rustique en créole pourrait bien être « cousin Zaka », un agréable *loa* dont le domaine d'action est l'agriculture des régions rurales d'Haïti.

Le même principe s'applique aux voisins. Même s'ils semblent obligeants et affables, il est toujours possible qu'il s'agisse d'adeptes d'une connaissance interdite de nature particulièrement sinistre. Ils peuvent être, des disciples du satanique Exu et adeptes du culte des morts.

Les démons sous forme humaine

Ces derniers sont extrêmement redoutés à Haïti, et l'une de leurs manifestations les plus craintes est celle du *loup-garou*. Dans le patois créole, ce terme s'applique à un démon aux yeux rouges ayant pris forme humaine, et dont les activités ressemblent beaucoup à celles des vampires du folklore européen.

Le *loup-garou* est généralement, mais pas toujours, une femme. Elle est le plus souvent rousse – une couleur de cheveux étonnamment répandue à Haïti, de même que parmi les aborigènes d'Australie – et, dans la journée, ses activités sont exactement les mêmes que celles de n'importe quelle paysanne. Le soir, en revanche, elle rôde dans les environs, dotée du pouvoir de pénétrer sans être vue dans les huttes, par la plus petite fissure dans un mur. Puis elle s'approche de la victime choisie et la plonge dans un sommeil enchanté et lui suce son sang. Elle pratique ses incisions entre les orteils de la victime.

Les fleurs et les figurines offertes au dieu Oxun lors de cette cérémonie macumba semblent assez innocentes ; mais il ne fait aucun doute que des variétés plus sinistres de macumba comportent des sacrifices de sang.

A droite, le sang d'un poulet sacrifié est offert à Exu, l'équivalent macumba de Satan, qui est vénéré et invoqué par les adeptes de la Quimbanda, un culte de magie noire considéré avec mépris par les initiés des variétés les plus communes de macumba. Des os, de la poussière de cimetière et d'autres matériaux désagréables sont utilisés par les magiciens Quimbanda. Les os montrés ci-dessous furent dérobés dans un cimetière par un pratiquant de la Quimbanda du nom d'Analdo Torres, qui disait vouloir les utiliser pour chasser les mauvais esprits responsables des discordes entre époux.

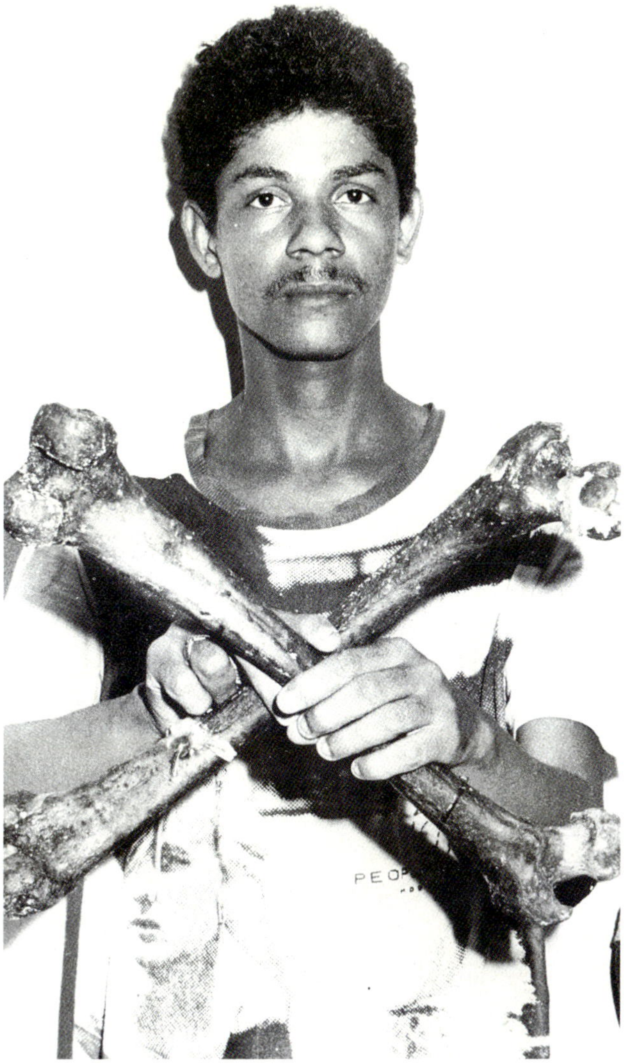

Les magiciens noirs

Parmi les autres démons haïtiens, on peut citer les féroces *baka*, les esprits des magiciens noirs morts qui ont le pouvoir de posséder le corps d'êtres humains innocents, de prendre une forme humaine illusoire, de se transformer en animaux, et de prendre le contrôle du corps des porcs noirs : dans certaines régions d'Haïti, les porcs noirs errants sont par conséquent considérés avec beaucoup de soupçons.

Les magiciens noirs, ces prêtres vaudous qui travaillent avec les deux mains (voir page 64) et transforment les corps en zombies, sont naturellement, très redoutés. Il existe heureusement de nombreuses manières de se protéger contre ces créatures. On peut par exemple accrocher une racine au-dessus de la porte de chez soi, ou remplir sa chambre à coucher de photos de saints catholiques que les adeptes du vaudou qualifient de *loa* bénéfiques : c'est ainsi que le saint patron de l'Irlande, saint Patrick, est identifié au dieu serpent Damballah.

En cas de décès d'un proche, on peut veiller à ce que du fil et une aiguille sans chas soient déposés dans le cercueil : l'esprit sera ainsi si occupé à essayer de passer le fil dans le chas inexistant de l'aiguille qu'il n'entendra pas la voix du magicien noir l'appelant hors de la tombe.

Les chapeaux noirs et le cercle du mal

Dansant dans les cimetières, buvant dans des crânes humains, pratiquant la sexualité de groupe, les tantriques gauchers utilisent des techniques étranges.

LES HOMMES EN NOIR

Des rites obscurs sont pratiqués, généralement en grand secret, au Bengale, au Rajastan, et dans d'autres régions de l'Inde. Certains de ces rites ont une forme assez innocente, même si certains considèrent leur contenu religieux et la philosophie sur laquelle ils s'appuient comme extrêmement douteux. Ces cérémonies d'apparence inoffensive se limitent généralement à un repas bizarre et à l'échange d'une étreinte chaste avec une personne du sexe opposé.

D'autres rites pratiqués par de tels cultistes sembleraient à la plupart des gens, et à tous les Hindous orthodoxes, plutôt sinistres: ils comportent des activités assez similaires à celles auxquelles se livrent les magiciens noirs d'Europe et les adeptes du vaudou haïtien le plus sinistre et des cultes brésiliens comme la Quimbanda (voir pages 62 à 75).

Les initiés masculins de ces sectes ont souvent été appelés « les hommes en noir » par plus d'un journaliste indien. Dans ce contexte, cela signifie sans doute simplement que ces initiés entourent leur comportement d'un secret qui, métaphoriquement, s'apparente à l'obscurité de la nuit profonde. Il y a peut-être une autre signification, à savoir que ces hommes se livrent à des actions *moralement* noires, ou « sombres faits ». Cela ne fait certainement pas référence à leurs vêtements, puisque la plupart des adeptes de ces cultes mystérieux prennent grand soin de dissimuler la nature exacte de leurs doctrines et de leurs rites à leur entourage.

Les tantriques gauchers

Ces cultistes, dont un grand nombre sont enregistrés comme des Hindous, des Bouddhistes ou des Djains orthodoxes, sont collectivement surnommés les « tantriques gauchers ». On les appelle « tantriques » parce que leur philosophie, leur cosmologie et leurs rites sont décrits dans un grand nombre de traités occultes appelés *« tantras »*. Le terme de « gauchers » ne signifie pas qu'ils sont sinistres ou mauvais (même si de nombreuses personnes les considéreraient comme tels). Il leur est attribué en raison d'un élément particulier d'une cérémonie sexuelle et magique qu'ils utilisent et qui s'appelle « le rite des cinq M ». On reparlera plus en détails de ce rite page 84, et le lecteur pourra mieux comprendre alors pourquoi les hommes qui le pratiquent sont qualifiés de « gauchers ».

Les rites et autres exercices de tantrisme n'ont cependant pas beaucoup de sens si on ne comprend pas quelques éléments de la philosophie qui les inspire.

Cette philosophie est exprimée dans les *Tantras* (voir ci-dessus), qui prennent généralement la forme d'un dialogue. C'est ainsi que la *Tantra* est rédigée comme s'il existait une conversation entre une divinité et son disciple ou, moins fréquemment, entre deux divinités.

Dualité ou duo

D'après ces dialogues, il semble que leurs auteurs considéraient l'univers et tout son contenu en termes de dualité, ou de « duo ». Tout est composé de « deux opposés » : l'amour et la haine, la lumière et l'obscurité, la dureté et la mollesse et, surtout, l'homme et la femme. L'objectif de l'homme ou de la femme qui cherche à vaincre cette dualité doit consister à « tuer les opposés » afin de parvenir à la lumière spirituelle.

Tous les éléments de dualité sont considérés comme de simples manifestations de la grande dualité des principes masculin et féminin, que les tantriques hindous appellent Shiva – le principe de l'éternel masculin – et Shakti – le principe de l'éternel féminin qui, selon le tantrisme hindou, est considéré comme dynamique de nature.

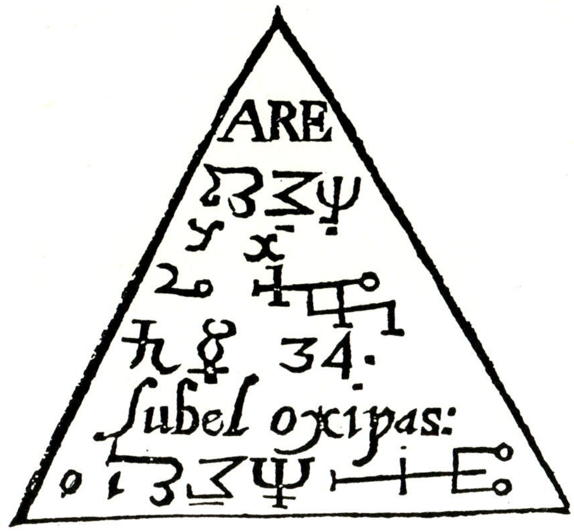

A droite, Vajratara, un avatar *(ou incarnation) de la déesse tibétaine de la Sagesse Parfaite qui, malgré son apparence placide, est parfois vénérée lors de rites tantriques de réputation douteuse célébrés sur le lieu du démembrement d'un corps. La mort, comme la sexualité, constitue une préoccupation obsessionnelle pour les pratiquants du tantrisme gaucher, et le feu (ci-dessous), présidé de manière significative par Shiva, est considéré comme sacré.*

LES HABITANTS DES CIMETIERES

A gauche, une peinture murale tibétaine représentant la Roue de la Vie : la chaîne infinie de l'existence illusoire qui est censée réduire à l'esclavage non seulement les êtres humains, mais aussi les dieux et les démons. Les techniques tantriques sont réputées produire une « illumination instantanée », qui non seulement confère des pouvoirs surnaturels, mais qui permet de se libérer de la Roue de la Vie. La déesse dansante (à droite) symbolise le principe actif de la polarité externe que les tantriques considèrent comme la base de toute existence manifeste.

Il existe une curieuse différence entre le tantrisme d'Inde, essentiellement Hindou et Djain, et celui du Tibet, purement Bouddhiste. Tous deux s'accordent sur l'existence des deux principes cosmiques du masculin et du féminin, mais alors que les tantriques d'Inde considèrent le principe masculin comme négatif et passif et le principe féminin comme dynamique et actif, les tantriques Bouddhistes adoptent un point de vue complètement opposé.

Cette divergence théorique n'est peut-être pas très ancienne : il est certain que les techniques physiques des cultes tantriques Hindouiste et Bouddhiste sont très similaires.

L'extraordinaire rite de Chod

Le Bouddhisme est généralement considéré comme la plus pacifique des grandes religions; pourtant, les tantriques bouddhistes se livrent à certains des rites les plus macabres du monde – l'extraordinaire cérémonie de Chod, par exemple.

Le rite de Chod est pratiqué par des tantriques qui habitent les cimetières ou, plus précisément, par ceux qui élisent domicile à proximité de l'équivalent du cimetière chez les Bouddhistes tibétains: un site de démembrement. Au Tibet, les corps ne sont généralement pas incinérés ni enterrés; ils sont découpés en morceaux et laissés sur place pour être dévorés par des animaux charognards. Naturellement, le site de telles activités n'a généralement pas un aspect très attrayant.

La danse de mort

Cela n'empêche pas les pratiquants du rite de Chod – le mot Chod signifiant découper ou démembrer – de se livrer à leurs cérémonies. Non seulement ils effectuent leurs curieux exercices dans un environnement peu agréable, mais ils ajoutent à l'aspect macabre du cadre en se couvrant d'os et en portant des chapeaux et des tabliers en peau humaine. Ils *dansent* dans cet horrible accoutrement, tout en s'imaginant étrangement, d'abord ressentant la douleur du couteau du démembreur alors qu'ils sont encore vivants, puis – pour les morceaux qui ont gardé conscience et éprouvent la douleur – mâchés et avalés par des démons monstrueux.

Tout cela rappelle un peu les fantasmes les plus déplaisants des Inquisiteurs européens de la fin du Moyen Age. Il ne fait pourtant aucun doute que ce rite de Chod était encore pratiqué dans un passé récent, et qu'il est probablement encore pratiqué, très discrètement, au Tibet, maintenant passé sous domination chinoise. Le lecteur intéressé trouvera une description très complète de ce rite, ainsi qu'une analyse de ses objectifs, dans le livre du Dr Evans-Wentz: *Le yoga tibétain et les doctrines secrètes*, publié en 1935.

Le Dr Evans-Wentz évoquait le rite de Chod avec une certaine sympathie, mais dans le Tibet pré-communiste ceux qui le pratiquaient étaient considérés avec beaucoup de soupçons, même par des initiés de cultes tantriques plus concentrés sur la sexualité que sur la mort.

Kalacakra, un dieu protecteur doté de quatre têtes et foulant aux pieds les démons tout en tenant sa compagne dans une étreinte sexuelle compliquée. Kalacakra et sa sakti *(compagne tantrique) tiennent tous deux des objets rituels, symbolisant les croyances tantriques comme celles qui concernent la sexualité humaine.*

C'était dû au fait que son caractère macabre semblait trop proche de la sorcellerie plus ou moins voilée des initiés aux chapeaux noirs de la secte de Dugpa, qui rassemblaient des morceaux de corps pour les employer à la divination – tout cela semble confirmé par des preuves – et qui se seraient même livrés à la nécrophilie et auraient kidnappé des jeunes filles pour utiliser leur corps dans des rites sexuels sadiques.

Malgré les soupçons soulevés par leurs activités, les adeptes de Chod affirmaient pratiquer un culte religieux parfaitement acceptable, destiné à leur faire quitter le monde de la matière et de l'illusion pour les faire renaître spirituellement. Dans ce cas, le rite de Chod ne serait qu'une variante des nombreux rites d'initiation dans lesquels le candidat se relève symboliquement d'entre les morts.

LES VILLES MYSTERIEUSES

L'un des nombreux problèmes de tout étranger qui essaie de percer la signification des *tantras* réside dans le fait qu'elles sont généralement rédigées dans un « langage obscur » où les mots prennent une signification différente de celle que nous connaissons. Dans une certaine mesure, ce langage codé et symbolique a été décrypté par des savants qui ont ainsi pu comprendre le véritable sens de phrases qui, littéralement, sont obscures ou parfaitement incompréhensibles.

Coup de tonnerre, lotus, illumination

Pour en donner un exemple, prenons la phrase suivante, une traduction littérale d'un traité tantrique bouddhiste : « Placez le coup de tonnerre dans le lotus, mais préservez l'esprit de l'illumination ». Les mots, littéralement traduits ci-dessus par « coup de tonnerre », « lotus » et « esprit d'illumination », sont *vajra*, *padma* et *bodhicita.* Dans le langage obscur utilisé par la *tantra* dont cette phrase est extraite, ils signifient respectivement pénis, vagin et éjaculation : le tantrique masculin reçoit donc l'ordre d'avoir des relations sexuelles, mais sans éjaculation.

Cette instruction est significative, car elle fait ressortir la principale différence entre les tantriques bouddhistes et hindous, qui utilisent la sexualité physique dans leurs « travaux » prétendûment religieux. Le tantrique hindou éjacule normalement, au contraire de son équivalent bouddhiste : celui-ci a recours au *coïtus reservatus.* Autrement dit, il atteint l'orgasme, mais se contrôle pour ne pas éjaculer.

Ci-dessus, une sculpture érotique sur un ancien temple indien. Les premiers Européens qui virent ces sculptures furent extrêmement choqués, les considérant simplement comme des obscénités et comme des preuves évidentes de la perversité de la religion hindouiste et du caractère dépravé de ceux qui vénéraient ces dieux et ces déesses. Les tantriques et leurs sympathisants adoptent un point de vue très différent, affirmant que l'utilisation des images érotiques dans l'art hindou et bouddhiste ne signifie en aucun cas que les Hindous et les Bouddhistes « vénèrent le sexe », pas plus que les images de l'Agneau de Dieu qui apparaissent dans l'art chrétien ne signifient que les Chrétiens vénèrent les moutons. A gauche, l'une des nombreuses entités « divinement démoniaques » dont certains Bouddhistes tantriques demandent l'aide. En haut à droite, un détail d'une sculpture en or et en bronze du dix-septième siècle représentant la déesse tibétaine de la sagesse suprême.

Cette caractéristique étrange des Bouddhistes n'a jamais été tout à fait expliquée. On a suggéré que cela serait lié à l'inversion de polarité entre les tantrismes hindous et bouddhistes (voir page 78). D'un autre côté, il est possible qu'il n'y ait là aucune base philosophique, mais qu'il s'agisse du résultat des étranges coutumes sexuelles du Tibet, dans lesquelles une forme particulière de polyandrie – une femme étant mariée à plusieurs frères – est la norme dans certaines classes de la société. Des efforts sont faits pour s'assurer que la femme n'est fécondée que par l'aîné des hommes auxquels elle est mariée.

Quoi qu'il en soit, il reste de nombreux mystères non résolus autour du tantrisme et de toutes ses variétés. Comment, par exemple, peuvent être nés des cultes aussi différents du bouddhisme et de l'hindouisme orthodoxes ?

Les royaumes légendaires

Les enseignements traditionnels de certaines sectes tantriques concernant leurs origines sont très surprenants. Ils parlent de cités mystérieuses et de royaumes qui auraient ou n'auraient pas existé autrefois, mais, s'ils ont existé, leur histoire est si noyée dans le mythe et la légende qu'il est difficile de les distinguer les uns des autres.

L'un de ces royaumes à demi légendaires était celui d'Urgyan, d'où provenait Lopon Rimpoche, qui connut son heure de gloire au huitième siècle et fonda la secte des Chapeaux Rouges, de tendance tantrique, du lamaisme tibétain. Il était sans doute apparenté à la famille régnante des Urgyan, même si, selon la légende, il avait été trouvé bébé à l'intérieur d'un lotus géant. C'était presque certainement un tantrique, comme l'indiquent les nombreuses légendes selon lesquelles il aurait été soumis à des initiations secrètes de la part des « déesses qui résident dans les cimetières ». L'existence de ces légendes semble indiquer que Lopon Rimpoche, le « Précieux Professeur » des Chapeaux Rouges, considéré par les Bouddhistes tibétains actuels comme ayant été un Bouddha vivant, s'était à plusieurs reprises vêtu de peau humaine pour danser parmi des ossements humains.

LE TRIDENT SANGLANT

Dans au moins un tableau tibétain, Marpa, un bouddhiste tantrique très célèbre vers l'époque de Guillaume le Conquérant, est représenté tenant dans la main un trident, un élément fréquent et traditionnel dans ce genre de tableaux. Ce trident semble cependant incrusté de sang.

Cela semble indiquer qu'il pourrait avoir existé des éléments inhabituels, d'un type qui n'est pas généralement associé au Bouddhisme, dans les croyances et les activités de Marpa, professeur de Milarepa, révéré comme le plus grand Yogi de l'histoire du Tibet.

Les enseignements de Marpa

Le bien-fondé de cette supposition est indiqué par certaines histoires racontées à son sujet par des disciples qui l'admiraient, et non par des adversaires. Prenons, par exemple, le récit de la manière dont Marpa s'assura qu'un corps humain approprié serait disponible pour l'incarnation d'un grand professeur spirituel.

Le bébé, dont le corps serait ultérieurement occupé par le professeur, devait avoir pour père l'un des plus proches disciples de Marpa.

Le disciple en question, un homme marié, fut conduit dans un lieu secret et on le soumit, ainsi que sa femme, à « une série d'initiations avancées. » On les mena ensuite au saint des saints où Marpa et sa compagne, Dagmedma, considérée comme une demi-déesse, étaient assis. Suivant les instructions de Marpa, le couple eut des rapports sexuels incomplets aux pieds du maître. Incomplets, car au moment de l'orgasme, le disciple retira son pénis du corps de sa femme pour éjaculer dans un crâne humain. Marpa mélangea ensuite le contenu du crâne avec de mystérieuses substances végétales et le rendit à son disciple qui, en compagnie de sa femme, but cette mixture.

La femme du disciple tomba immédiatement enceinte et donna naissance à un fils.

Il est évident qu'elle n'aurait pu tomber enceinte par le simple fait d'avoir bu cette mixture. Cette histoire pourrait toutefois comporter un élément de vérité. Il existe en effet des preuves indiquant qu'aujourd'hui encore certaines variantes dépravées du tantrisme célèbrent des rites comprenant l'absorption de sperme humain (voir page 86) ; le fait que le disciple n'ait pas éjaculé dans le corps de sa femme est conforme à la nature des rites bouddhistes concernant les rapports sexuels (voir page 80).

Un bon exemple d'image yab-yum tibétaine, datant du dix-huitième siècle. Cette image, représentant Vajrastarva ayant des rapports sexuels avec Visrastara, symbolise la torsion et les vacillements de toute réalité.

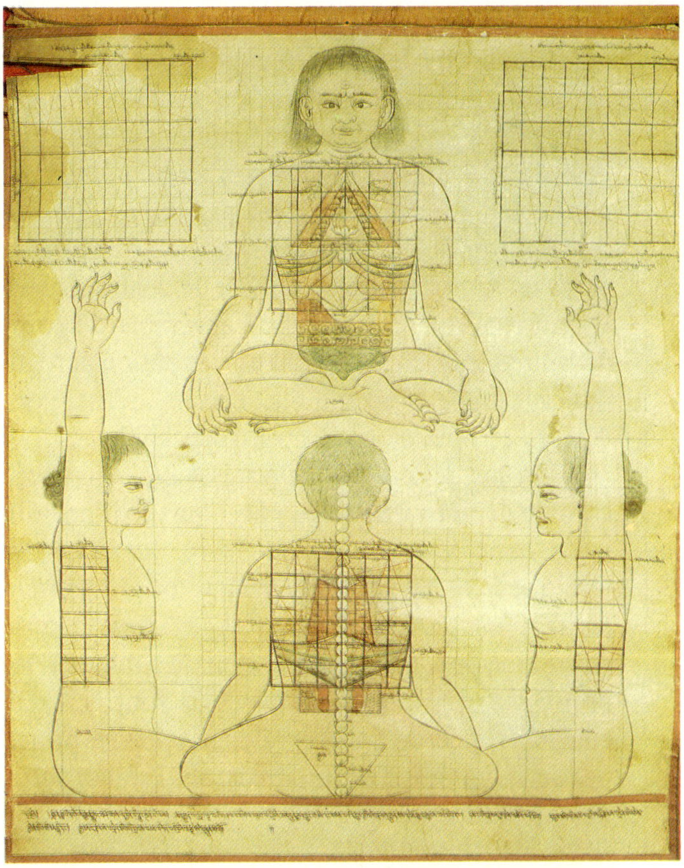

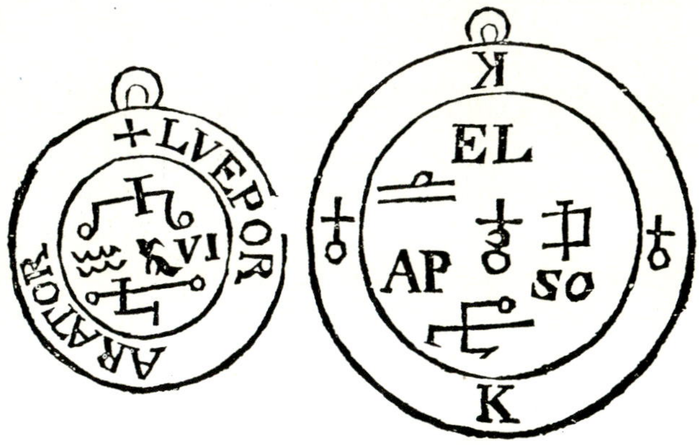

A gauche, une tanka tibétaine – un tableau mural – datant d'environ 1800 et destiné à enseigner aux moines la «physiologie occulte», associée à la médecine traditionnelle tibétaine et aux exercices tantriques consacrés à raviver un feu intérieur dans le corps subtil des adeptes. Ces exercices sont en fait dérivés des enseignements de Padmasambhava, ci-dessous, qui connut son heure de gloire au dix-huitième siècle. Il fut le fondateur et le «Professeur Précieux» de la secte des Chapeaux Rouges du lamaïsme tibétain et, semble-t-il, un adepte tantrique expérimenté. Le nom de Padmasambhava signifie littéralement «né d'un lotus», en référence à une légende selon laquelle le Professeur Précieux, que les Tibétains appellent aussi Lopon Rinpoche, serait littéralement «né d'une fleur de lotus».

La vénération de la femme

On a vu page 80 que la non-éjaculation ne figure pas dans le tantrisme sexuel hindou. Il existe pourtant une exception, un procédé quelque peu masochiste appelé *stri puja*, que l'on peut traduire approximativement par «vénération de la femme». Le tantrique masculin devient d'abord le domestique non rémunéré d'une femme qu'il identifie au principe cosmique féminin (voir page 77). Pour cette femme, l'aspirant se charge des tâches les plus basses, voire même les plus dégradantes, obéissant à tous ses ordres – car, pour lui, elle est Shakti, la grande déesse.

Au début, le *sadhaka* (l'aspirant masculin) dort sur une paillasse aux pieds du lit de sa maîtresse, prêt à répondre au moindre de ses désirs. Après quelques semaines cependant, il passe la nuit dans son lit, mais reste entièrement habillé et ne touche pas son corps.

L'étape suivante conduit le *sadhaka* à se déshabiller la nuit, mais toujours sans se rapprocher de la «déesse» qui est étendue à ses côtés. Finalement, il aura avec elle des rapports sexuels, sans orgasme.

Il n'existe en revanche aucune contrainte de ce genre dans la vénération du cercle gaucher.

LA VENERATION DU CERCLE

La vénération du cercle, ou vénération du lotus – *chakra puja* – constitue le genre d'activité sexuelle rituelle de groupe dont, comme nous l'expliquerons, le tantrisme gaucher tient son nom.

La vénération du cercle de type gaucher commence quand tous les participants à la cérémonie, généralement un nombre égal d'hommes et de femmes, absorbent une drogue que les tantriques qualifient du nom de code de *vijaya*, signifiant *« guide vers la victoire »*. L'absorption de cette drogue ne fait pas partie du rite, mais elle permet aux participants de surmonter leurs inhibitions. Pour entamer le rite, le chef des célébrants et sa prêtresse s'asseoient au centre d'un cercle de partenaires hommes et femmes. Chaque femme s'installe à la gauche de son partenaire sexuel, d'où l'expression « tantrisme gaucher ».

Une statuette de bronze, datant du dixième siècle, représentant le dieu Shiva dansant. Dans la cosmologie tantrique associée au Bengale, la danse de ce dieu revêt une signification mystique, symbolisant la représentation de la polarité forme/force qui s'exprimerait dans chacun des objets et des événements dont l'ensemble constitue la totalité cosmique. Pour les tantriques bengalis, l'aspect force de cette dualité est symbolisé par Shakti.

La prêtresse s'asseoit de manière que ses organes génitaux soient aussi exposés que possible et elle se fait rituellement laver par du vin, puis le célébrant masculin invoque la déesse qu'abrite le corps de sa partenaire au moyen de chants rituels. Durant ces chants, il caresse l'ensemble du corps de la prêtresse, en accordant une attention particulière à la vulve, ointe d'huile de santal, puis de vin, d'huile de noix de coco ou « d'eau bénite ».

A cet instant précis, la prêtresse est considérée comme déifiée : il ne s'agit plus d'une femme ordinaire, mais de la déesse sous forme humaine. En tant que telle, elle est vénérée par tous les participants. C'est la déesse, et non la prêtresse dont le corps l'incarne, qu'on adore. Pour le souligner, les prêtresses du tantrisme gaucher sont souvent considérées comme « sans valeur » selon les principes de l'Hindouisme orthodoxe : des Intouchables, des prostituées, etc.

Le rite des cinq M

Dès que l'incarnation de la déesse a été vénérée par le prêtre et le cercle d'adeptes qui l'entourent, elle s'accouple avec le prêtre jusqu'à l'orgasme. C'est alors que commence un festin, comprenant la consommation de viande de bœuf et d'alcool, tous deux considérés avec horreur par les *pandits* de l'Hindouisme pieux.

Finalement, les participants sont repus. Rendus audacieux par la *vijaya* et l'alcool, les couples se livrent à des ébats sexuels en présence de tous les autres fidèles. Ce festin, qui se conclut par des activités sexuelles qui en font partie intégrante, est généralement appelé le « rite des cinq M ».

Les quatre premiers « M » représentent les éléments physiques du festin : *mamsa*, signifiant bœuf ou autre viande ; *madya*, boisson alcoolisée ; *matsya*, poisson ; et *mudra*, une substance prétendûment aphrodisiaque à base de légumes ou de graines séchés. Le cinquième M correspond au *maithuna*, l'acte sexuel rituel qui conclut le festin.

Les activités sexuelles complexes, acrobatiques et légèrement perverses représentées dans cette sculpture et d'autres bas-reliefs similaires des temples d'Inde très anciens rappellent certaines des illustrations que l'on trouve aujourd'hui dans des publications à caractère pornographique. Les tantriques actuels, cependant, n'interprètent pas ces représentations explicites d'actes sexuels comme purement érotiques. Leur caractère érotique n'est bien sûr pas nié, mais on affirme qu'il s'agit d'une expression d'une philosophie mystique et d'une technique de libération spirituelle. Cette technique concerne plus particulièrement les tantriques gauchers.

Le tantrisme droitier

Les tantriques droitiers, ceux qui interprètent toute la terminologie de polarité des traités tantriques comme de purs symboles, utilisent une version innocente de la *chakrapuja*, ou vénération du cercle.

Dans ce cas, tout le monde reste entièrement habillé pendant toute la cérémonie, les participantes féminines sont assises à la droite de leur partenaire, la copulation rituelle entre le prêtre et la prêtresse est remplacée par la plus chaste des étreintes, et les cinq M sont abordés sous forme de substituts. C'est ainsi que le bœuf est remplacé par du lait caillé, l'alcool par du lait de noix de coco, le poisson par des viandes douces au gingembre, la *mudra* par du riz bouilli, et la copulation par un échange de fleurs. Les adeptes du tantrisme droitier ont tendance à considérer le tantrisme gaucher avec soupçon et crainte. Ces derniers adoptent une attitude similaire à l'égard des tantriques extrémistes des cercles de la terreur.

Les contorsions sexuelles comme celles qui sont représentées dans cette ancienne sculpture d'un temple seraient utilisées par certains tantriques dans leur vénération du cercle, en tant que composante du rite des cinq M, qui est tout à fait étranger à l'Hindouisme orthodoxe.

LE POUVOIR ET L'AMOUR

Les adeptes du tantrisme droitier et gaucher affirment rechercher le pouvoir et l'amour ; sur le fond, leur but est identique, même si les moyens qu'ils utilisent sont différents. On peut se demander si les tantriques, quelle que soit leur orientation, peuvent vraiment être considérés comme recherchant les principes cosmiques du pouvoir et de l'amour au moyen des procédés décrits dans les *Tantras* (voir page 76). En tout cas, les Brahmins orthodoxes considèrent généralement le tantrisme, même droitier, avec soupçon et sont convaincus que les variétés de tantrisme gaucher ne sont que magie noire comportant la vénération de démons monstrueux qui se font passer pour des dieux et des déesses.

Quelle que soit la vérité, il fait peu de doute que les « cercles de la terreur », qui opèrent dans des régions reculées du Rajastan et d'autres parties du nord de l'Inde, prônent des activités qui, si elles sont bien pratiquées, font de leurs adeptes des magiciens noirs meurtriers de l'espèce la plus perverse.

L'existence de tels cercles de la terreur ou, du moins, de cultes tantriques presque aussi sinistres, est bien prouvée. Car un certain nombre d'hommes sont emprisonnés à perpétuité en Inde pour des meurtres commis sur les instructions de leur Gourou, ou professeur tantrique, un cultiste qui semble avoir développé à la fois des ambitions politiques et des illusions de grandeur.

Les sorciers destructeurs

Le rite des cinq M, tel qu'il serait célébré par les participants des cérémonies des cercles de la terreur, est tel que même les étudiants du tantrisme à l'esprit le plus ouvert ne sauraient y trouver la moindre excuse : une sorcellerie perverse y est apparente.

Les quatre premiers « M » de ces sorciers destructeurs sont : 1. *mala*, signifiant excréments ; 2. *medha*, sang humain ; 3. *mutra*, urine ; et 4. *mahmansa*, chair humaine. Le cinquième, la culmination du rite, signifie *mehana*, dont la traduction littérale est « pénis », mais qui, dans ce contexte, représente la sodomie.

Certains Hindous orthodoxes déclarent que les initiés de ces rites pratiquent non seulement le cannibalisme dans le cadre de la cérémonie des cinq M, mais aussi le sacrifice humain et la nécrophilie. De telles affirmations doivent être examinées avec un certain scepticisme. En effet, les pratiquants orthodoxes d'une religion, quelle qu'elle soit, ont toujours eu tendance à raconter les histoires les plus révoltantes et les plus désagréables au sujet de ceux qui déviaient de cette foi. C'est ainsi que les Chrétiens de la fin de l'Empire Romain accusaient les Gnostiques de sacrifier leurs propres enfants, tandis que les inquisiteurs du Moyen Age accusaient certains hérétiques, de vénérer Satan.

Pour les tantriques bouddhistes lamaïstes du Tibet et du Népal, le concept de « l'élément feu » est très important, symbolisant non seulement la mort physique et les flammes purificatrices de la crémation, mais aussi l'état d'esprit approprié à la bonne utilisation des techniques tantriques. Dans cet état d'esprit, la conscience quotidienne est réduite en cendres. Le personnage de gauche est une personnification du feu et une partie d'un piédestal qui soutenait une coupe en forme de crâne contenant les potions magiques tantriques.

Les pacifiques Bouddhas (à gauche) et les divinités hindoues (ci-dessus) sont également vénérés par les tantriques.

Les tantriques extrémistes

Il ne faut pourtant pas faire preuve d'un trop grand scepticisme à l'égard des accusations portées contre certains cultistes tantriques extrêmes, car il existe sans aucun doute des traités quasi-tantriques faisant appel à des procédés sinistres. Par exemple, une « écriture » tenue en haute estime par les Kapilakas, qui vénèrent Chamunda – l'incarnation du grand Shakti –, affirme de manière très spécifique que « par le sacrifice de trois hommes la déesse sera satisfaite pour un *lakh* d'années ». On peut interpréter cela de façon symbolique, mais une lecture littérale de ce texte était en vogue dans le passé.

Des éléments tout aussi explicites se retrouvent dans certains *Tantras*, dont l'un qui encourage l'adepte à subir « l'expérience religieuse suprême » en « ayant des relations sexuelles avec la femme d'un autre, quelle que soit sa caste », afin d'obtenir des pouvoirs magiques.

Deben Kaly
IS 3-1955.

LE PIC D'ARGENT

La doctrine étonnante selon laquelle des relations sexuelles rituelles avec « la femme d'un autre, quelle que soit sa caste » (voir page 87), produiraient un pouvoir mystique est offensante, en particulier pour les Hindous orthodoxes, pas tant parce qu'elle laisse entendre que l'adultère est une activité qui peut être permise, qu'en raison de son expression finale, qui indique qu'il est acceptable pour un homme de caste élevée – un Brahmin – de s'accoupler avec une femme de basse caste, par exemple une balayeuse. Pour un Brahmin très orthodoxe, qui irait jusqu'à jeter sa nourriture si l'ombre d'une balayeuse était tombée dessus, cette affirmation est aussi révoltante que le serait la coprophagie pour la plupart des Occidentaux.

La « route de Julie »

D'autres faits supposés des tantriques gauchers sont encore plus répugnants pour les orthodoxes : la vénération de *chola-marg*, par exemple, qu'un écrivain anglais du siècle dernier appela également la « route de Julie ». Une *chola*, que les officiers de la Compagnie des Indes Orientales du dix-neuvième siècle appelaient (phonétiquement) une « julie », est une sorte de chemisier. Selon cet écrivain, un certain Sellon, le *chola-marg* a pour résultat « la négligence complète des contraintes naturelles et... l'inculcation d'une communauté de femmes. »

Le lecteur moderne de la description que fit Sellon du *chola-marg* constatera que cette pratique tantrique ressemble quelque peu aux procédés des « échangistes » contemporains qui, dit-on, lancent leurs clés de voiture au sol en prélude à un échange de partenaires. Sellon affirmait que lors des...

... vénérations divines, les femmes et les jeunes filles déposent leurs julies... dans une boîte à la charge du... prêtre. A la fin des rites, les adeptes masculins retirent chacun une julie de la boîte, et la femme à qui elle appartient, même si elle est leur sœur, devient leur partenaire pour la soirée...

Ce récit rappelle non seulement certains articles que l'on peut lire aujourd'hui dans la presse à scandales, mais aussi les affirmations faites par des Chrétiens orthodoxes au sujet des Gnostiques et autres hérétiques. Ces derniers ont été mis en doute par des savants de réputation internationale, notamment Norman Cohn, mais, de toute évidence, le *chola-marg* était pratiqué au Bengale au siècle dernier, et pourrait l'être encore de nos jours.

Le thuggisme

Si c'est le cas, cela n'aurait rien de particulièrement surprenant : l'Inde abrite des cultes sinistres depuis de nombreux siècles. Prenons, par exemple, le culte de Kali et de son pic d'argent, dont les initiés sont connus pour être des étrangleurs et des trompeurs, ou *phansigars*.

Le thuggisme, un culte de dévotion à la déesse Kali sous les traits de Bhavani, déesse de la mort, ou de Shakti (voir page 77) sous son aspect le plus destructeur, existait peut-être déjà au huitième siècle. Des sculptures de cette époque semblent montrer la strangulation rituelle de voyageurs, méthode utilisée par les étrangleurs pour sacrifier à la déesse.

Il est certain que ce culte existait à la fin du treizième siècle, car des archives persanes de cette époque montrent que pas moins de 1000 *phansigars* furent capturés à Dehli. Les gros efforts déployés au seizième siècle par l'empereur Akbar pour éliminer cette secte furent efficaces, mais pas complètement couronnés de succès.

Dans son incarnation sous les traits de Bhavani, déesse de la mort, Kali (à gauche), personnification destructive du principe Shakti de la polarité tantrique universelle, était adorée par les étrangleurs meurtriers. Un pic rituel poli (ci-dessus) était porté, enveloppé de tissu, par chaque groupe d'adeptes, et considéré comme consacré à Kali.

LE GOUVERNEMENT SECRET

Tandis que l'Empire demeurait fort et uni, il semble que les étrangleurs aient réagi aux tentatives de les supprimer en commettant leurs meurtres et vols rituels dans une grande discrétion. Ils étaient très organisés et respectaient un code de conduite très strict. Si strict même, que le culte semblait géré par un gouvernement secret, un directoire central qui contrôlait toutes les actions de ses membres. Ces derniers se comportaient de telle manière qu'il était peu probable que leurs meurtres multiples soient connus, à plus forte raison punis.

C'est ainsi qu'il était établi qu'un groupe d'étrangleurs ne devait jamais s'attaquer à des voyageurs si ceux-ci n'étaient pas très éloignés de chez eux. Même dans ce cas, il était interdit de tuer une voyageuse.

Dans la pratique, cela signifiait que tout groupe de voyageurs comportant une femme était relativement à l'abri, puisqu'aucun étrangleur ne pouvait se permettre de laisser un témoin derrière lui.

Un voyage dangereux

Un groupe de voyageurs ne comptant que des hommes, éloignés de chez eux, et ne comptant personne qui se livre à des activités sacrées pour Kali était en revanche très exposé. Il arrivait que ces groupes se joignent à d'autres voyageurs en fonction du principe de la « sécurité du grand nombre ». En réalité, ce deuxième groupe de voyageurs, qui se prétendaient pèlerins ou marchands, étaient les étrangleurs déguisés.

Après quelques jours, les deux groupes étaient si bien intégrés qu'ils ne formaient qu'un groupe aux yeux de ceux qui les croisaient sur la route. Puis, un soir, alors que les voyageurs s'installaient dans un bivouac éloigné de tout village, les étrangleurs s'abattaient sur leurs compagnons et les tuaient, généralement par strangulation. Les corps étaient alors déshabillés et les os du dos et des cuisses étaient cassés afin qu'ils puissent se plier dans un

En raison principalement d'une campagne intensive menée par les soldats et officiers de la Compagnie des Indes Orientales, le culte meurtrier du thuggisme fut en grande partie éliminé vers 1850, les voyageurs pouvaient alors à nouveau traverser l'Inde sans craindre d'être étranglés en sacrifice à la déesse de la mort. Si certains étrangleurs prisonniers furent exécutés, d'autres, comme ceux qui sont représentés sur ces pages, furent soumis à un long emprisonnement dont le but était de parvenir à une « réhabilitation morale ». Il s'agissait d'y parvenir en leur enseignant l'art du tissage des tapis. Certains d'entre eux devinrent aussi compétents dans la fabrication de tapis qu'ils l'avaient été dans la strangulation, la reine Victoria fit l'acquisition d'un tapis d'étrangleur.

espace réduit. Ces paquets macabres étaient ensuite enterrés dans de petites tombes profondes, creusées avec des pelles et au moins un coup symbolique du pic d'argent. Elles étaient ensuite recouvertes de végétation pourrie et d'herbes à l'odeur très forte, qui repoussaient les chiens et autres charognards qui auraient risqué de creuser.

Le « pic d'argent » n'était généralement pas forgé en argent, mais en fer bruni pour prendre la teinte du métal précieux. Il jouait un rôle important dans le rite célébré dès que les victimes étaient enterrées.

Le « sucre de Kali »

Sur un linge était placé du *goor*, ou sucre non raffiné. A proximité se trouvait le pic, ainsi qu'une pièce d'argent. Le chef des étrangleurs creusait un trou dans le sol, puis s'asseyait sur le linge, entouré de ses fidèles. Il versait dans le trou un peu de *goor*, ainsi que de « l'eau bénite ». Puis, par ordre d'ancienneté, les étrangleurs versaient tour à tour du *goor* comme en sacrement. Le « sucre de Kali » était réputé avoir des propriétés magiques, transformant la nature de tout homme qui y touchait. Selon la légende des étrangleurs, il était à une époque inutile de creuser des tombes : Kali apparaissait en personne et dévorait les corps des victimes.

Quand l'Empire d'Inde fut pratiquement désintégré, les étrangleurs, oubliant la prudence, attirèrent l'attention des Britanniques qui auraient complètement éliminé ce culte dans les années 1825 à 1845. Mais, à la fin des années 1940, on assista à une résurgence de ce qui ressemblait au thuggisme à Gwalior.

Un portrait datant du seizième siècle de Shiva détruisant un démon : pour les tantriques, une action symbolisant la fin de l'illusion et la libération spirituelle.

LES ANCIENS DES TENEBRES

Kali, qui constitue l'une des manifestations de Shakti (voir page 89), et qui était vénérée par ses fidèles étrangleurs dans son incarnation de Bhavani, la déesse de la mort, est traditionnellement représentée dans l'art religieux hindou sous une forme hideuse. Elle possède de multiples bras, tient au moins une tête humaine sectionnée, porte un collier fait de crânes humains ou de dents, présente une langue pendante, des mandibules terrifiantes, et son teint est d'un noir profond. La couleur noire de Kali n'est qu'une convention iconographique, pas plus importante que la convention selon laquelle dans l'art de l'Occident, la Sainte Vierge est représentée portant une robe bleue, cela pourrait signifier que le culte de la Mère Kali est d'origine indigène. Autrement dit, que l'être vénéré sous le nom de Kali était la grande Déesse Mère des peuples noirs qui dominèrent le subcontinent indien il y a des milliers d'années, avant qu'il ne soit pénétré par des envahisseurs de peau plus claire venus du nord. Kali présente deux aspects très distincts : sous le premier, elle est la bonne « Mère Kali », qui apporte la fécondité et nourrit ses enfants, tandis que, sous l'autre, elle est la déesse de la mort, qui détruit ces mêmes enfants. En bref, elle présente les mêmes caractéristiques d'association d'*Eros* et de *Thanatos* (voir page 20 et page 68), ainsi que dans la vénération de Saturne.

Des paradoxes curieux

Si Kali faisait partie des « Anciens des Ténèbres », ces divinités dont la vénération fut absorbée dans leur propre religion par les conquérants Aryens de l'Inde, cela pourrait expliquer de nombreux paradoxes curieux que l'on observe dans le tantrisme sous toutes ses formes – depuis les pratiquants innocents de la vénération du cercle droitier jusqu'aux cultes sinistres de mort et de perversion.

L'un de ces paradoxes réside dans l'étrange inversion de polarité entre le tantrisme bouddhiste et hindou, le principe féminin étant considéré dans le premier cas comme la « forme » passive de la dualité éternelle et dans le deuxième, comme la « force » active. Le plus étonnant aspect de ce paradoxe tient au fait que les tableaux tantriques *yab-yum* tibétains, montrant le dieu et la déesse ayant des rapports sexuels, ne montrent aucun signe d'inversion de polarité. En effet, le dieu ithyphallique y est étendu, passif, tandis que la déesse est la partenaire active. Ces tableaux pourraient bien représenter la tradition plus ancienne : les symboles d'une foi restent généralement les mêmes.

Malgré leur aspect, les dieux-démons ne sont pas considérés avec terreur par les tantriques, qui les voient simplement comme des aspects particuliers de la polarité éternelle.

Un tableau du siècle dernier, représentant Krishna et Radha, dont l'union est interprétée par les tantriques comme une illumination mystique explosive.

Sexe, fécondité et mort

Il est possible que Kali, qui est Shakti, ait été la reine d'un très ancien culte matriarcal de l'Inde préaryenne, un culte consacré au sexe, à la fécondité et à la mort. Les rites, sanglants et autres, de cette Déesse Mère continuèrent de se pratiquer, devinrent familiers aux conquérants aryens, et furent même adoptés par certains d'entre eux. Pour les rendre plus acceptables à leurs voisins hindous orthodoxes et, plus tard, bouddhistes, les cérémonies de sexe et de mort furent rationalisées dans les termes des philosophies des religions dominantes, le bouddhisme présentant une tendance plus masculine que le proto-hindouisme, qui avait sa propre Déesse Mère pouvant s'identifier à Kali.

Selon cette hypothèse, c'est la sexualité franche des tableaux *yab-yum* et du tantrisme gaucher, et non le lait caillé, le lait de noix de coco et le riz bouilli employés dans les vénérations de type droitier, qui représenteraient le tantrisme authentique.

SAGESSE INTERDITE

Une mandala tibétaine, dessin symbolique interprété par le psychologue C.G. Jung et ses disciples comme une indication de la réussite de la «plénitude psychique» humaine, ou individualisation. Les Bouddhistes lamaïstes, notamment ceux qui sont de tendance tantrique, considéreraient généralement une telle interprétation comme une vérité au mieux seulement partielle. Pour eux, la mandala est à la fois un cosmogramme, une représentation diagrammatique de la réalité totale, et un psychogramme, une carte de l'âme.

Personne, sauf les Chrétiens ou les Musulmans les plus fanatiques, ne considérerait le symbolisme vaguement tantrique de certains des rites de la secte modérée des Chapeaux Jaunes du Bouddhisme tibétain, ni la consommation de viandes douces dans la vénération du cercle du tantrisme droitier, comme des pratiques de magie noire au sens strict du mot.

Pourtant, les sanctuaires des Chapeaux Jaunes sont souvent remplis de tableaux et d'images de démons terrifiants – masculins et féminins – et certains considéreraient la nature de ce qui est symbolisé dans le tantrisme droitier comme moins innocent que les symboles eux-mêmes.

Les dieux des ténèbres

On peut penser que les démons du Bouddhisme tibétain soient des personnifications des dieux et déesses des ténèbres de D.H. Lawrence (voir page 8), qui ne sont pas universellement acceptés. On peut aussi aller beaucoup plus loin et les considérer comme des personnifications de forces sinistres ou d'êtres hostiles à l'humanité – les mêmes êtres que l'auteur américain H.P. Lovecraft (voir page 128) présentait sous une forme fictive comme les «Anciens dieux» et les «Obscurs».

De la même manière, on peut affirmer que le tantrisme droitier est une expression extérieure, assez innocente par sa forme, d'une sagesse interdite, dangereuse et destructive pour l'humanité moderne, et qui appartient à un niveau d'évolution culturelle antérieur au nôtre. Sur cette hypothèse, la philosophie, la théologie et la cosmologie évoluées qui sont associées à certaines variétés du tantrisme et ont été adoptées par certains intellectuels occidentaux, représenterait la façade dorée de ce qui, au vingtième siècle, ne devrait plus être qu'une tombe en état de pourriture : un culte primitif de sexe, de fécondité et de mort.

La révélation de Nuit

Il ne fait aucun doute que le tantrisme et les cultes similaires ressemblent beaucoup aux très anciennes religions associées à une Déesse Mère féconde, même s'ils n'en sont pas directement dérivés. Même un tableau tibétain moderne de type *yab-yum* (voir page 93) possède un équivalent ancien. Celui-ci, faisant partie d'un grand nombre de tableaux similaires originaires de l'Égypte ancienne, se trouve dans le *Papyrus de Tamenill*, exposé au British Museum et datant d'environ 1000 avant J.-C. Il montre la déesse du ciel, Nuit, en appui sur les mains et les pieds, le corps courbé comme un arc, au-dessus du corps de son frère Geb. Le pénis de Geb est la flèche de l'arc qu'est Nuit. En érection et d'une longueur démesurée, il est pointé vers le bas-ventre de sa sœur. Il est difficile de croire que, sur le fond, Nuit et Geb n'étaient pas, au moins à un niveau, identiques à Shakti et Shiva.

A ce sujet, il est intéressant de noter qu'un chapitre du *Liber AL* de Crowley (voir page 20) contient la « révélation de Nuit », et que Crowley identifiait sans aucun doute cette déesse à Shakti. Le système de Crowley, la « magick » est assez similaire au tantrisme, même si Shakti et Shiva y sont appelés « Babalon et la Bête ». Crowley tira ces noms de l'*Apocalypse* (voir page 18), où le premier est correctement épelé « Babylone ». Crowley adopta cette curieuse orthographe pour des raisons numérologiques. La « Babalon » de Crowley constituait selon lui une manifestation plus concrète de Nuit.

Finalement, si on doit identifier le tantrisme à la fois aux anciens cultes de fécondité comportant une sexualité explicite et à la « magick », ceux qui croient que Crowley était un sataniste doivent alors considérer le tantrisme comme satanique.

Les sanctuaires de la secte douce des Chapeaux Jaunes du Bouddhisme lamaïste tibétain renferment non seulement des images « d'illuminés » calmes (à droite) mais aussi des portraits de certaines « déesses-démons » terrifiantes dont les adeptes tantriques fréquentent les lieux de démembrement et les cimetières. Les croyances tantriques sont des manifestations particulières d'un concept universel et très ancien de polarité mystique que l'on retrouve à la base de certains mythes égyptiens (ci-dessous).

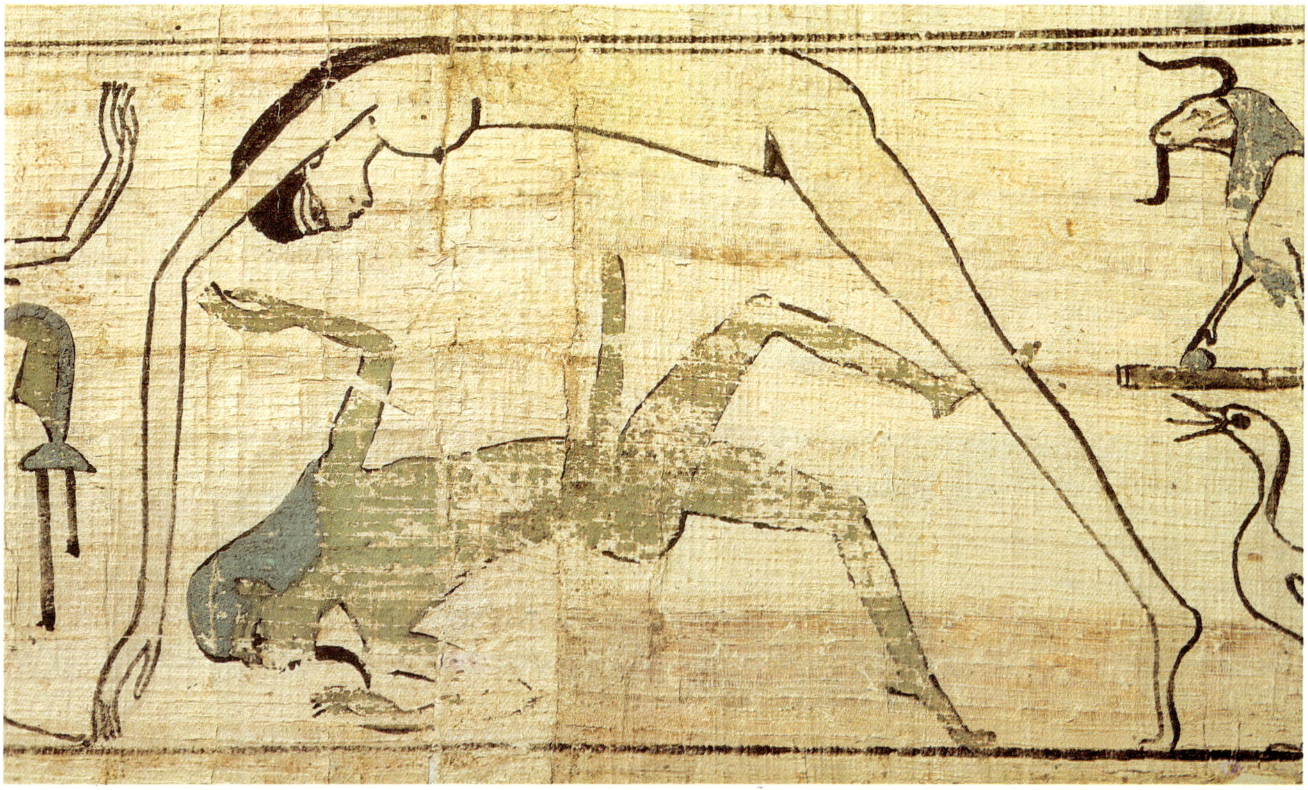

Continents engloutis, connaissances obscures

Aujourd'hui encore, certains recherchent la sagesse interdite des obscures magies de la Lémurie disparue et de l'Atlantide engloutie.

LES PROFONDEURS EXTERIEURES

Il y a plus de 2000 ans, le philosophe grec Platon parlait d'une île-continent engloutie qui aurait autrefois existé au-delà des Piliers d'Hercule – le détroit de Gibraltar. Cette île, l'Atlantide, fait toujours l'objet d'affirmations et de spéculations dans l'univers de l'occulte. Certains prétendent que sa sagesse aurait survécu jusqu'à nos jours, et que nous serions les héritiers des prêtres qui la gardaient.

Ces gens ont tendance à affirmer que l'Atlantide aurait sombré dans les profondeurs extérieures de l'océan lors de puissants cataclysmes dus aux activités de certains prêtres de l'Atlantide, qui auraient converti leurs connaissances à des fins mauvaises.

La légende de la Lémurie

Il existe un autre continent, que certains étudiants des connaissances cachées considèrent comme ayant existé bien avant l'Atlantide : la Lémurie.

Le concept de la Lémurie est apparu bien plus tard que celui de la légendaire Atlantide. L'existence éventuelle de ce continent fut évoquée pour la première fois par des géologues et zoologues du siècle dernier, qui s'efforçaient d'expliquer la répartition des animaux de la famille des lémuriens. Ils expliquèrent qu'il aurait pu exister autrefois une importante masse de terre reliant l'Inde à l'Afrique. Ce continent englouti hypothétique reçut le nom de « Lémurie », baptisé ainsi par le zoologue P.L. Sclater.

Aujourd'hui, aucun géologue respecté ne reconnaît l'existence de la Lémurie ou de l'Atlantide – sur le plan physique, en tout cas. Les derniers arguments assez convaincants en faveur de la thèse des continents disparus furent apportés par Lewis Spence dans ses ouvrages, *l'Atlantide en Amérique*, en 1925, et *L'histoire de l'Atlantide*, en 1926.

Cela n'a pas empêché certains occultistes à faire des déclarations très spécifiques quant à la nature exacte de la vie telle qu'elle existait en Lémurie et dans l'Atlantide, même si, assez curieusement, ils ont fait passer l'ancien emplacement de la Lémurie de l'océan Indien au Pacifique. Ce transfert semble avoir été effectué pour la première fois, et sans raison apparente, par l'écrivain occulte français Louis Jacolliot (1837-1890).

Tous les occultistes qui ont raconté des récits relatifs à l'Atlantide et à la Lémurie en se fondant

W. Scott-Elliott, disciple de H.P. Blavatsky qui affirmait s'être livré à des « investigations clairvoyantes » sur la sorcellerie des continents perdus de Lémurie et de l'Atlantide, déclarait que les habitants de l'Atlantide possédaient une connaissance scientifique avancée. Ils connaissaient, selon lui, les secrets de l'alchimie, et leurs vaisseaux volants traversaient la planète.

sur des recherches psychiques ont apporté des versions légèrement différentes de l'histoire de ces continents. On peut cependant discerner une trame commune dans tous ces écrits, et ceux de W. Scott-Elliott, qui publia son premier livre sur les continents perdus en 1895, sont à cet égard très typiques.

A l'origine, il n'existait pas de sexes différents en Lémurie, les ancêtres de l'humanité étant des ovipares qui s'auto-fécondaient. Finalement, les Lémuriens auraient développé des organes sexuels, mais ils étaient si stupides, ou si pervers, qu'ils s'accouplaient aussi bien avec des animaux qu'avec d'autres humains. Des efforts furent entrepris pour remédier à cette situation par des êtres surnaturels de la sphère de Vénus.

Le triomphe du mal

De grandes civilisations se développèrent sur l'Atlantide sous la direction d'êtres surnaturels et des prêtres initiés, bienfaiteurs et végétariens. De fantastiques machines volantes étaient utilisées, des bateaux propulsés mécaniquement sillon-

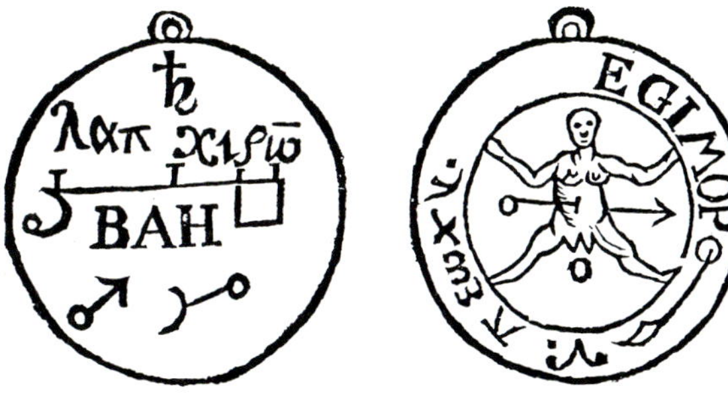

naient les océans, et les secrets de la transmutation étaient si bien maîtrisés que l'or et l'argent étaient aussi répandus que le fer.

Tout cela était trop beau pour durer. La vénération du diable se répandit, des rois-sorciers apparurent, et le peuple commença à attacher plus de valeur au matériel qu'au spirituel. La conséquence de tout cela fut une série de catastrophes qui détruisirent le continent. Le mal avait triomphé.

TEMPLE NOIR, TEMPLE ROUGE

Selon les historiens occultes de l'Atlantide, avant chaque série de catastrophes géologiques qui provoquèrent finalement l'engloutissement du continent, un prêtre sage initié aurait fait migrer des personnes de valeur vers l'est ou vers l'ouest du continent.

C'est ainsi, par exemple, qu'il y a quelque 200 000 ans, un groupe d'émigrants aurait été conduit en Égypte, où ils fondèrent la « Dynastie Divine » et construisirent les Pyramides de Gizeh, selon ceux qui croient aux révélations de W. Scott-Elliott. Les égyptologues ont plutôt tendance à penser que les Pyramides auraient été édifiées à une date ultérieure.

Tous ceux qui émigrèrent de l'Atlantide n'étaient pas des prêtres végétariens, dévoués à la chasteté et aux bonnes œuvres : certains étaient les fondateurs de cultes que beaucoup de gens considéreraient comme douteux et sinistres.

Serpent de feu, serpent noir

De nombreuses informations quant à l'influence des cultes de l'Atlantide sur l'époque actuelle se trouvent dans les écrits de Kenneth Grant, un magicien pratiquant (de la magie blanche, bien sûr), disciple d'Aleister Crowley, croyant convaincu des révélations du *Liber Al* (voir page 20) et Tête Extérieure d'une des sociétés secrètes qui prétendent au titre d'OTO (voir page 20). C'est ainsi que, dans son ouvrage *Cultes de l'Ombre* (1975), M. Grant explique à ses lecteurs qu'un certain Michael Bertiaux (né en 1935) serait non seulement un adepte de l'*Ordo Templi Orientis Antiqua*, mais aussi directeur du Monastère des Sept Rayons, et Haut Prêtre du culte du Serpent Noir ; il serait également maître de deux variétés de magie issues de l'Atlantide, le « Temple Noir » et le « Temple Rouge ».

Le premier serait consacré à la mort et aux morts vivants – les zombies – et le culte vaudou des morts (voir page 69) en serait une expression. La magie du Temple Rouge, en revanche, s'intéresserait au Serpent de Feu et au « Mystère Lycanthropique » du vaudou haïtien. Le concept du Serpent de Feu, qu'il provienne ou non de l'Atlantide, fait partie de la magie sexuelle du tantrisme gaucher de l'Inde et du Tibet (voir pages 76-95). Autrement dit, l'association de la magie du temple noir et rouge de l'Atlantide dans le culte du Serpent Noir semblerait indiquer que les dirigeants de cette association très secrète – qui se trouveraient à Haïti, selon M. Grant – auraient réussi à créer une synthèse du vaudou et du tantrisme.

Magie sexuelle

Il n'est pas surprenant que M. Grant se soit intéressé à ce culte s'il provient vraiment de l'Atlantide, car Crowley, dont il a longuement étudié les écrits, consacra lui-même un livre au continent englouti. Intitulé *Liber VI* ou *Le continent perdu*, cet ouvrage ne fut publié que 20 ans après la mort de son auteur.

Cet ouvrage est de toute évidence en partie allégorique : Crowley ne pouvait penser être pris au sérieux en affirmant, par exemple, que la religion du peuple de l'Atlantide « était le Protestantisme dans tous ses aspects essentiels », et que, même si les habitants de l'Atlantide se mariaient, ils n'avaient de relations sexuelles qu'avec des personnes à qui il *n'étaient pas* mariés.

Les parties allégoriques du *Liber VI* sont principalement consacrées à la magie sexuelle. Par conséquent, l'affirmation de Michael Bertiaux selon laquelle la magie sexuelle tantrique aurait ses origines dans l'Atlantide correspond aux doctrines de Crowley.

Il est possible que la description de l'île de l'Atlantide telle qu'elle fut donnée par le philosophe Platon, qui écrivit que cette histoire avait été racontée à Solon par des prêtres égyptiens, ait été destinée à une interprétation allégorique. Toutefois, Proclus et d'autres philosophes classiques prirent cette histoire au sérieux et la description faite par Platon de la capitale de l'île avec ses cercles concentriques de terre et d'eau était suffisamment précise pour qu'un peintre contemporain reproduise une vue aérienne imaginaire de cet endroit (en haut, à droite). La Lémurie, qui serait plus ancienne que l'Atlantide, fut également décrite en détails et représentée sur des cartes par W. Scott-Elliott (en bas, à droite).

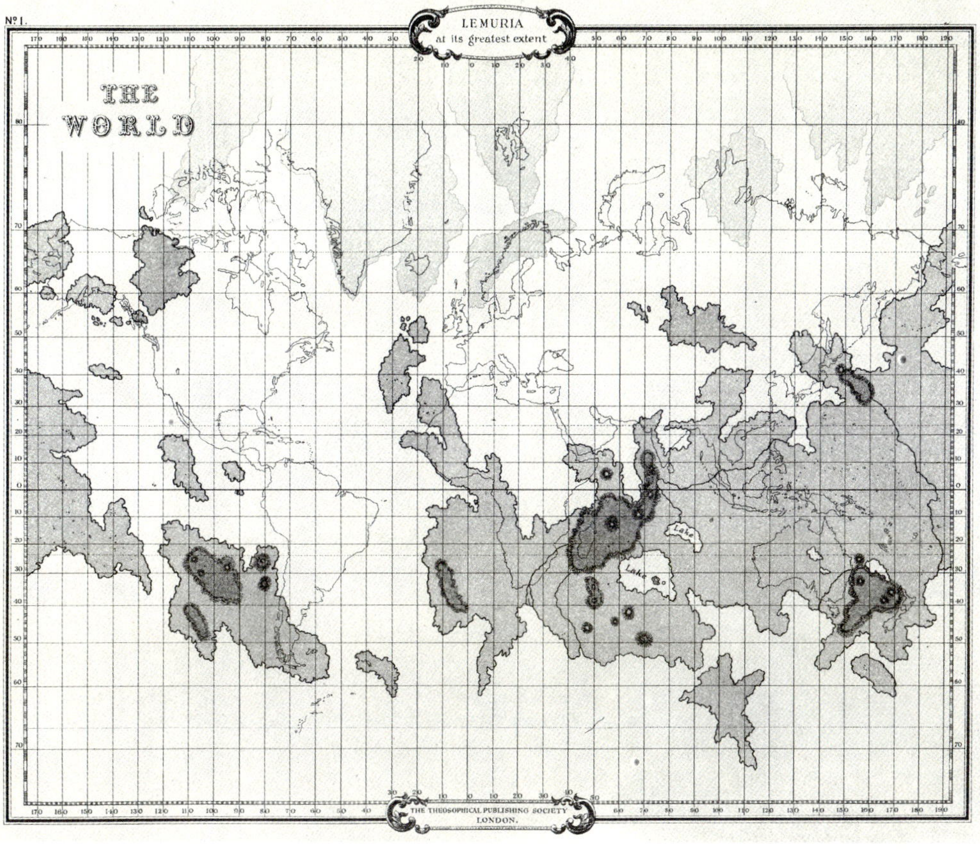
Nº 1.
LEMURIA
at its greatest extent
THE
WORLD
Lake
Lake
THE THEOSOPHICAL PUBLISHING SOCIETY
LONDON.

LES VOIES TORTUEUSES

Si le tantrisme gaucher et les doctrines similaires tiennent leurs origines de l'Atlantide engloutie, comme le prétendent certains, que dire de la Lémurie, encore plus ancienne ? Reste-t-il quelque chose de sa sagesse, claire ou obscure ?

Oui, affirment certains, et il existe même encore une communauté de Lémuriens qui ont préservé les secrets des « adeptes blancs » du continent disparu. Elle existerait, pas seulement sur le plan de la matière, car elle semble aller et venir, sur les pentes supérieures du Mont Shasta, au nord de la Californie.

Des histoires d'événements surnaturels sur le Mont Shasta circulent depuis au moins 1894, lorsque « Phylos le Tibétain », de son vrai nom F.S. Oliver, affirma – probablement pas dans l'intention d'être pris au sérieux – avoir été initié dans une fraternité mystique dont le quartier général se trouvait dans la montagne.

Le récit d'Oliver fut repris par E.L. Larkin (mort en 1924), un occultiste qui dirigeait l'observatoire du Mont Lowe. Il avait observé le Mont Shasta au télescope et avait vu les événements qui se déroulaient dans un « village mystique » construit autour d'un temple lémurien. Ce village n'était accessible que par des voies tortueuses à travers les forêts des flancs du mont Shasta.

Les activités des villageois semblent avoir été assez innocentes, même si, bien sûr, on ne peut être certain de ce qui se passait à l'intérieur du temple. Ils semblaient simplement très solennels, se promenaient vêtus de longues robes blanches, et, selon Larkin, il leur arrivait de visiter les villages et les petites villes du nord de la Californie. Ni leurs longues robes, ni leur caractère taciturne n'éveillaient la curiosité des commerçants qui échangeaient leurs pépites d'or contre de grandes quantités de soufre, de sel et de lard.

Lumières rouges, lumières vertes

On ne sait pas exactement à quoi servaient ces achats. Il est possible qu'ils aient eu un rapport avec les mystérieuses lumières rouges et vertes que Larkin apercevait à minuit chaque soir au télescope.

Selon Platon, l'Atlantide était dirigée par plusieurs rois : une sorte de comité royal qui se réunissait tous les cinq ou six ans, sacrifiait un taureau et dînait dans une grande salle de banquet.

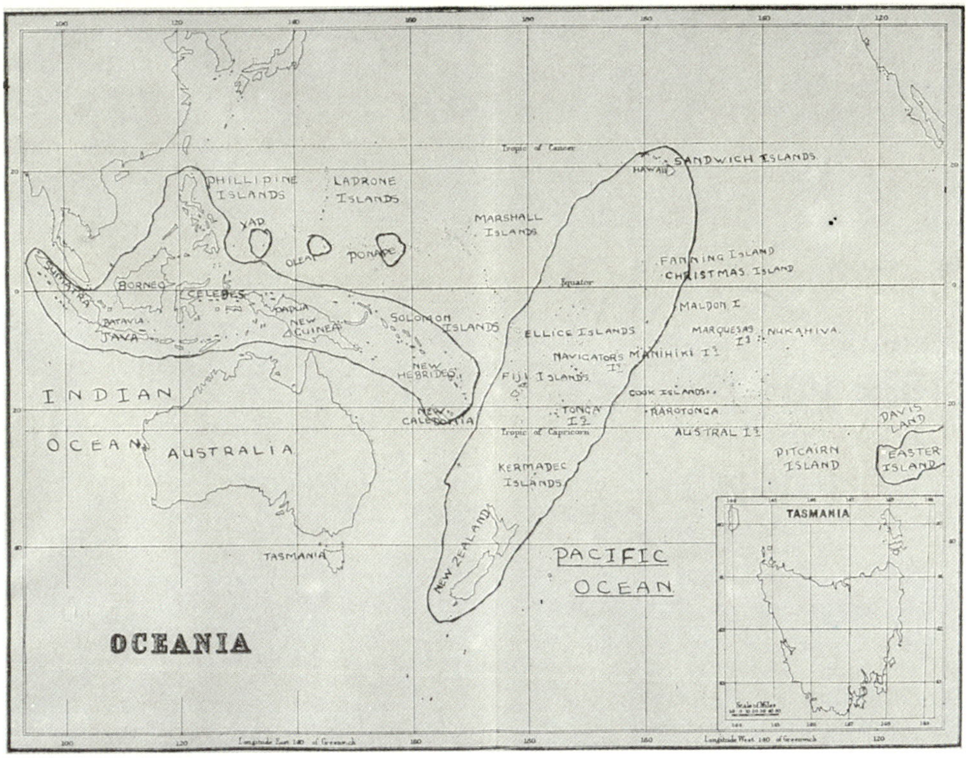

Lewis Spence, étudiant des mystères celtiques et écrivain distingué aussi bien en Anglais que dans le dialecte écossais, se pencha toute sa vie sur les mythes et légendes entourant l'Atlantide et la Lémurie. Il croyait que l'Atlantide avait été le centre d'une profonde philosophie mystique, dont les traces auraient survécu dans le folklore des peuples celtes – en particulier la légende du roi Arthur –, que les Açores et les Bermudes seraient des vestiges de l'Atlantide, et qu'il pouvait dessiner (ci-contre) une carte précise de la Lémurie. En 1953, un journaliste du magazine Fate *(ci-dessous) annonça la découverte de l'Atlantide.*

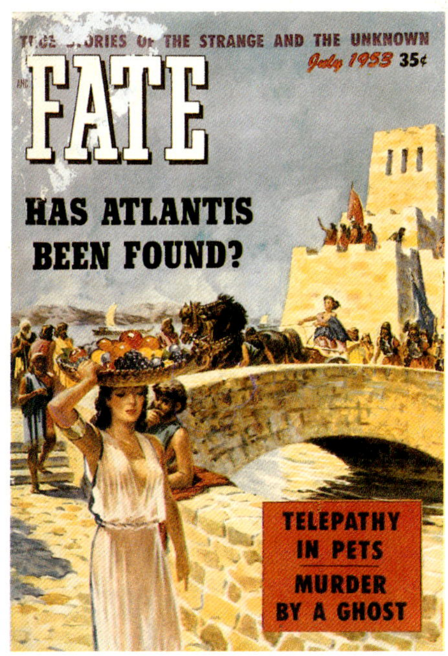

Ces lumières étaient associées aux cérémonies par lesquelles, au milieu de la nuit, les Lémuriens de Shasta auraient célébré leur évasion du continent disparu.

Larkin n'est pas le seul à avoir vu le mont Shasta inondé des lumières rouges et vertes des Lémuriens. En 1932, le *Los Angeles Sunday Times* publia un article d'un certain Edward Lanser, qui les avait observées depuis un train. L'article de Lanser était sans doute une supercherie, même s'il impressionna le vétéran de l'occultisme, Lewis Spence (voir page 96), suffisamment pour qu'il y consacre un passage de son livre, *le problème de la Lémurie*, en 1932.

Le pouvoir psychique

Il semble que les membres de la communauté de Shasta aient préservé les connaissances – physiques et supraphysiques – de leur continent englouti. Ils possèdent des avions propulsés à grande vitesse par une sorte de force psychique, dont la science la plus moderne ne soupçonne même pas l'existence. Ils sont capables de quitter leur corps à volonté et sont tous dotés de pouvoirs télépathiques. Ces dons télépathiques sont centrés dans un organe qui se manifeste par une bosse au milieu du front. Cela, ainsi que leur accent britannique prononcé, permet à ceux qui sont assez observateurs de les distinguer des autres habitants du nord de la Californie.

Ces éléments, ajoutés à d'autres affirmations encore plus étonnantes, se trouvent dans le livre de Wishar S. Cervé, *La Lémurie, Continent Perdu du Pacifique*, publié en 1931 par la Presse Rosicrucienne.

La Presse Rosicrucienne était contrôlée par H. Spencer Lewis, un occultiste qui avait à une époque été associé à Aleister Crowley.

CONNAISSANCES ENGLOUTIES

Selon Platon, la première confédération royale des dirigeants de l'Atlantide était composée des dix fils d'une femme nommée Cleit et du dieu Poséidon, dieu de la mer, des séismes et, curieusement, des cavaliers. Leurs descendants construisirent un grand temple (ci-dessus) dédié à leur ancêtre divin.

H. Spencer Lewis, fondateur de l'organisation Rosicrucienne généralement appelée AMORC («Ancient and Mystical Order Roseae Crucis»: «Ordre Ancien et Mystique de la Rose Croix») qui connaît encore une grande popularité (on peut en trouver de nombreuses publicités dans les journaux) était un homme très habile.

Non seulement il contrôlait ce qui, sur le plan financier, était la société occulte la plus efficace au monde, mais il connaissait tous les secrets de l'alchimie: il fit un jour une démonstration publique de transformation de métal de base en or. Il pouvait aussi, à volonté, examiner les «archives akachiques», autrement dit l'histoire occulte de notre planète.

Nul ne pourrait affirmer qu'un initié actuel de l'AMORC pratique la magie noire, et, bien sûr, personne n'aurait eu la témérité de porter de telles accusations contre H. Spencer Lewis.

Les Rosicruciens rivaux

Personne, sauf R. Swinburne Clymer, le chef d'un groupe rosicrucien rival dont le quartier général se trouvait chez Clymer, en Pennsylvanie. Clymer accusait Lewis d'ignorance, de vol, d'escroquer des innocents, et d'avoir des «relations avec la magie noire».

Mais ce Clymer ne voulait pas dire que Lewis connaissait des gens qui volaient sur des manches à balai, qui vénéraient la Grande Chèvre de Brooklyn ou qui assistaient à des messes noires. Il voulait dire que Lewis connaissait des groupes qui se livraient à la magie sexuelle, en particulier l'OTO (voir page 140), et qu'un certain nombre de ses enseignements émanaient d'Aleister Crowley.

Les accusations de Clymer, même s'il les exprima de façon abusive, étaient dans une certaine mesure justifiées. Il ne fait aucun doute que Crowley connut assez bien Lewis entre 1916 et 1919. En fait, dans le roman occulte de Crowley intitulé *L'Enfant de la Lune* (voir page 130), Lewis était représenté de façon diffamante sous les traits du « Boucher », un pratiquant américain de la magie noire qui désirait être initié de la « Loge Noire » pour améliorer ses revenus.

Il est également certain que Lewis possédait une charte de l'OTO allemand : Crowley en tira à tort la conclusion que lui, Aleister Crowley, possédait tous les biens de l'AMORC et, dans les années 1930, il fit quelques faibles efforts pour en obtenir le contrôle.

Il semble d'autre part que Lewis ait rompu avec Crowley et l'OTO au début des années 1920, révisant en même temps les cours par correspondance de l'AMORC pour en effacer les leçons dont les enseignements émanaient de ces sources.

Cela n'empêcha pas Clymer de répéter ses accusations, d'affirmer que tous les enseignements de Lewis concernant la Lémurie, l'Atlantide et l'Égypte ancienne étaient faux, pure invention, ou des plagiats de travaux faits par d'autres, et de répéter continuellement que lui, et lui seul, était le gardien des connaissances occultes de l'ancienne Atlantide.

Il y avait un élément comique dans la haine furieuse de Clymer à l'égard de H. Spencer Lewis. En effet Clymer, l'homme qui dénonça avec colère les prétendues pratiques de magie sexuelle de Lewis, eut lui-même une sombre relation avec P.B. Randolph, dont il se prétendait le successeur ; Randolph était un occultiste du siècle dernier qui employait la magie sexuelle dans les procédés occultes qu'il enseignait à un cercle restreint de ses disciples.

La destruction de l'Atlantide

Clymer connaissait tout de l'Atlantide, car sa société était la gardienne de l'authentique vénération du feu de l'Atlantide. Il savait également pourquoi ce continent avait été détruit : des magiciens noirs avaient tenté de communiquer avec Dieu, ce qui avait « bouleversé l'équilibre des forces naturelles », provoquant le cataclysme. Néanmoins, certains habitants de l'Atlantide se seraient échappés, et leurs descendants vivraient au Mexique.

Selon certains théoristes, l'alchimie serait née dans l'Atlantide, et les concepts complexes exprimés sous forme symbolique par les alchimistes du dix-huitième siècle (ci-dessous, à gauche et à droite), seraient originaires de l'Atlantide.

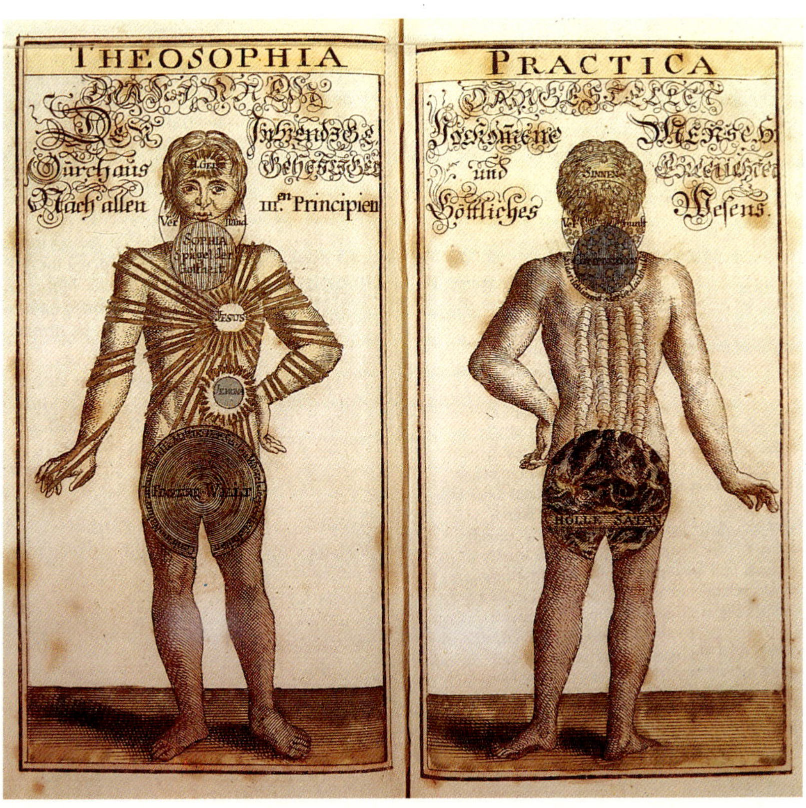

Les pensées dangereuses

Aujourd'hui, à New York et à Londres, de même qu'au Moyen Age à Paris et Cracovie, de futurs adeptes étudient les expressions codées de la littérature de l'enfer.

LA CLE DE SALOMON

Les *Oracles Chaldéens de Zoroaster*, une étrange collection de connaissances mystiques, sur laquelle des étudiants des connaissances cachées, depuis les alchimistes jusqu'aux magiciens noirs, se penchent depuis 1500 ans, fait référence à des « mots barbares d'évocation » auxquels il est « dangereux de penser ».

Des mondes dangereux

Par des « mots barbares d'évocation », on veut parler de ces longues suites de syllabes apparemment insensées qui semblent avoir toujours fait partie des rituels de la magie – noire ou blanche – et qui ont la réputation de fournir une entrée efficace, mais risquée, vers ces voies menant à des dimensions étranges, à d'autres temps, aux sommets du paradis et aux profondeurs de l'enfer.

Les occultistes ne sont pas vraiment en accord sur le fait de savoir si ces mots sont dangereux par eux-mêmes, ou par leur association. Quoi qu'il en soit, il ne fait aucun doute qu'un nombre étonnamment important d'adeptes des techniques comportant l'utilisation des « mots barbares » ont fait des expériences très désagréables : des accidents inexplicables et des périodes de malchance, par exemple, et que certains d'entre eux sont morts dans des circonstances mystérieuses ou dans des conditions étranges.

Les mots barbares se trouvent facilement dans les *grimoires*, des livres d'instructions magiques qui ont été élaborés au fil des siècles et dont certains ont acquis, comme les mots barbares qu'ils contiennent, une réputation douteuse ou dangereuse.

Magie blanche, ou magie noire ?

Le texte le plus fréquemment réimprimé récemment est la *Clé de Salomon*, un livre souvent décrit comme concernant la magie blanche, et non la magie noire.

En réalité, bien des éléments des versions manuscrites de ce livre sont en rapport avec les aspects les plus sombres des connaissances interdites de la magie rituelle. Comment, dans ces conditions, la *Clé de Salomon* a-t-elle acquis cette réputation innocente ?

La réponse se trouve dans la vie de S.L. MacGregor Mathers (1854-1918), un étudiant avisé des sujets secrets qui avait une opinion très curieuse quant à la *Clé de Salomon*.

Il pensait tout d'abord que ce texte avait vrai-

Salomon, auteur supposé de nombreux ouvrages consacrés à la magie, et la reine de Saba, auraient été les ancêtres des empereurs d'Éthiopie et leur liaison fait l'objet de nombreuses peintures d'Abyssinie.

Le temple de Salomon a toujours fasciné les étudiants des connaissances interdites et la signification symbolique de ses Piliers a été incluse dans les rites des Ordres maçonniques et magiques.

ment été rédigé par le roi Salomon – en réalité, il semble avoir été constitué vers la fin du Moyen Age. Par ailleurs, il croyait que les versions manuscrites de la *Clé de Salomon* qui avaient survécu étaient des versions corrompues d'un texte qui était à l'origine élevé et saint, relatif à la plus blanche des magies blanches. Enfin, il pensait pouvoir rectifier l'ouvrage pour en effacer les éléments de magie noire, et tenta effectivement de le faire.

Le texte qu'il publia finalement en 1889, reproduit très souvent depuis, et le seul qui demeure disponible aujourd'hui, est tronqué. C'est ainsi qu'il ne contient pas d'instructions relatives à la pratique de rites de magie noire concernant des « œuvres de haine et de destruction », bien que l'on trouve de telles instructions dans les exemplaires les plus anciens de la *Clé*.

Il est difficile d'imaginer comment Mathers *aurait pu* croire qu'un ouvrage de pure magie blanche pouvait contenir, comme c'est le cas de toutes les versions authentiques de la *Clé*, des instructions détaillées pour accomplir le « sacrifice sanglant » – une offrande de sang à des entités non humaines permettant de les attirer, puis de les contrôler, par l'utilisation de ce qu'on appelle les « Noms Puissants ».

LES NOMS PUISSANTS

« O Surmy, Delmusan, Atalsoym, Charusihoa, Melany, Liamintho... »

Tels sont les Noms Puissants qui ouvrent la Conjuration pour les Esprits Inférieurs, exposée dans le *Grimorium Veram*. Ce livre, dont le titre signifie « le vrai grimoire », est très mal intitulé, car presque tout son contenu est souillé de fausses informations. Sa première édition imprimée est faussement datée de 1517 ; en fait, elle fut sans doute imprimée au moins 200 ans plus tard. Son éditeur se faisait appeler « Alibeck l'Égyptien », mais, en réalité, il était soit Italien soit Français. Son texte est confus et corrompu, de sorte que l'on peut être certain que s'il existe de véritables Noms Puissants – des formules capables d'ouvrir les portes du Paradis ou de l'enfer – ni Delmusan, ni Atalsloym n'en font partie.

Les Noms Puissants que l'on trouve dans un étrange ouvrage intitulé *La Magie Secrète d'Abra-Melin le Mage* sont peut-être plus efficaces. Ils ont en tout cas acquis une réputation certaine de pouvoir réaliser le bien ou le mal, et il pourrait être dangereux de les essayer.

Le simple fait d'inscrire ces mots sur des carrés de parchemin ou de toile dans l'intention de les utiliser comme talismans (voir page 55) pourrait, dit-on, provoquer des phénomènes anormaux.

C'est ainsi qu'un magicien, qui prépara de tels carrés il y a 90 ans, raconta que sa maison se remplit de quelque chose qu'il décrivit comme une obscurité presque tangible, l'obligeant à allumer sa lampe, même dans la pièce la plus lumineuse. De plus, la terrasse se peupla d'ombres qu'il aperçut, sans pouvoir les distinguer correctement.

Une peinture récemment découverte du magicien Francis Barrett.

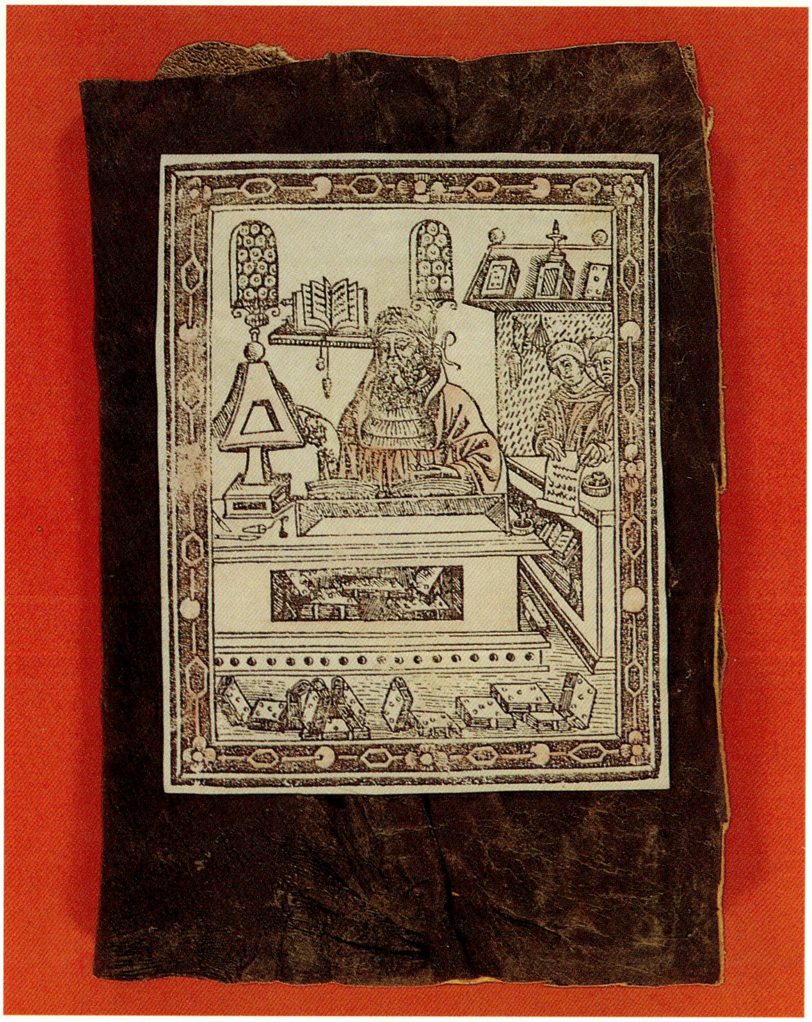

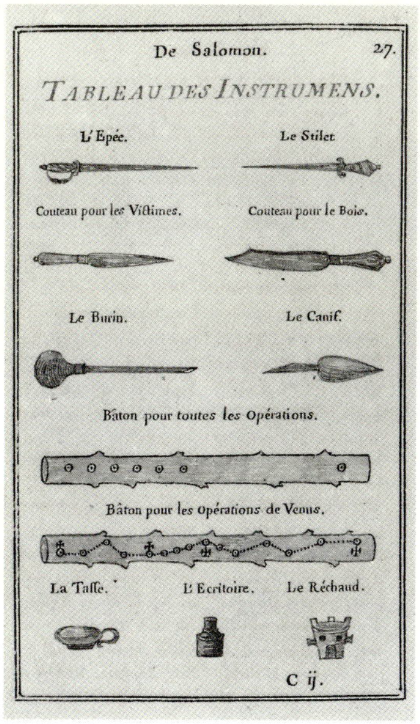

A gauche, une illustration tirée d'une édition du grimoire Le Livre des Secrets, *faussement attribué à Albertus Magnus, un Docteur de l'Église. Ci-dessus, des bâtons et autres instruments magiques tels qu'ils sont représentés dans la Clé de Salomon.*

Hallucinations terrifiantes

Des états psychologiques plus étranges encore furent enregistrés en 1927 par quelqu'un qui avait préparé et consacré un seul de ces carrés de toile.

Il ou elle connut ensuite un certain nombre d'extraordinaires hallucinations – irréelles, mais d'une nature si terrifiante et si vraisemblable qu'à un moment cette personne sauta d'une fenêtre élevée sur le sol en contrebas.

Ces hallucinations, qui coïncidaient généralement avec la nuit de la nouvelle lune, se prolongèrent sur une durée de plusieurs mois. Elles commencèrent assez doucement, par des vagues sensations de frayeur, ou le sentiment que quelque chose de monstrueux et de sale rôdait alentour. Puis, l'entité qui rôdait ainsi se manifesta sous différentes formes : d'abord comme un personnage barbu, « pas vraiment déplaisant », aux longs cheveux, ensuite comme un grand serpent rouge qui s'enroulait autour du lit de la victime. Le point culminant survint le 30 juin 1927. Le « démon Abra-Melin » se manifesta sous sa forme barbue, mais ses cheveux s'étaient transformés en têtes de serpents, et il sembla à la victime de la créature qu'un gigantesque obélisque rouge s'était abattu dans la pièce – de l'ouest vers l'est – écrasant tout sur son passage.

Le bannissement de l'entité maline

La victime de ces hallucinations, comprenant qu'une force occulte s'était déclenchée et échappait maintenant à tout contrôle, consulta un magicien blanc, qui parvint à bannir l'entité qui se manifestait de manière si désagréable.

Écrivant en 1929, l'utilisateur de ces Mots Puissants raconta que, depuis ce bannissement, le « trouble m'a quitté ». Tous n'ont pas eu la même chance : Peter Warlock, un musicien célèbre des années 1930, se tua après s'être fait tatouer un carré d'Abra-Melin sur le bras.

LES SECRETS DE LA GOETIE

« Petit frère, tu t'es mêlé de la Goétie. »

Tels étaient les mots par lesquels, un soir du printemps de 1899, un magicien anglais du nom d'Allan Bennett accueillit un jeune étudiant de l'occulte qui s'était présenté à lui à la fin d'un rite mystique auquel tous deux avaient assisté.

John Lambe, un magicien Jacobin Noir qui fut à une époque le conseiller occulte du Duc de Buckingham et dont le meurtre devait réjouir tout le monde.

Sorcellerie et lamentations

« Goétie » est un mot latin médiéval, dérivé des mots grecs signifiant « sorcellerie » et « lamentations ». Il qualifie l'art d'invoquer et de contrôler les esprits malins – une sorte de magie noire.

Par conséquent, quand Bennett accusa son ami occultiste de s'être mêlé de la goétie, il voulait dire qu'il avait décelé quelque chose dans « l'aura psychique » du jeune homme qui suggérait l'influence de la magie noire et des esprits infernaux qui y sont associés.

Il ne fait aucun doute que l'homme à qui Bennett s'adressait ainsi finit bien par se « mêler de la goétie », puisqu'il s'agissait d'Aleister Crowley (voir page 16) qui, quelques années plus tard, publia une version du texte de magie noire appelé *Goétie.* A l'époque où Bennett fit cette accusation, Crowley ne s'était cependant pas encore mêlé de magie noire en général, ou de goétie en particulier. Il nia avec indignation.

« Alors, petit frère », répondit Bennett, « c'est la goétie qui s'est occupée de *toi* : autrement dit, un occultiste habile jetait des sorts destinés à affecter la vie de Crowley. Si Crowley et sa maîtresse de l'époque, Althea Gyles, peuvent être pris au sérieux, leurs enquêtes montrèrent que tel était bien le cas : le poète W.B. Yeats avait jeté un sort.

Cela semble naturellement peu probable, mais ce n'est en aucun cas impossible. Yeats avait accès à la *Goétie* et à d'autres textes de magie noire grâce à son amitié avec MacGregor Mathers – de sa propre admission, il avait assisté à Dublin à des réunions d'un groupe qui se livrait à des rites étranges comprenant notamment des bols de sang d'animaux ; de plus, il méprisait et haïssait Crowley.

Un portrait du démon appelé prince Asmodée, Seigneur de la Magie Sombre, datant du dix-neuvième siècle.

Robert Cross Smith (1795-1834), plus connu sous le nom de «Raphaël» était un étudiant sérieux de la magie des grimoires. Il écrivait des livres d'occultisme populaire comme la Sorcière de Raphaël *(1831).*

Vaincre le sort

Il est certain que Crowley pensait à la fois que Yeats avait employé la magie noire contre lui, et qu'il avait vaincu cette magie noire grâce à sa propre connaissance supérieure – même si la victoire de Crowley eut pour étrange conséquence de transférer l'affection d'Althea Gyles de lui-même vers Leonard Smithers, un éditeur miteux spécialisé dans la pornographie.

Certains occultistes diraient «non», affirmant que l'action de Crowley pour publier le texte de magie noire qu'est la *Goétie* indiquait que, pendant un moment au moins, il avait subi l'influence de «démons goétiques obsédants».

Que l'on doive blâmer les démons obsédants ou une simple excentricité, il faut reconnaître que la *Goétie* que publia personnellement Crowley est une étrange production. Peut-être vaut-il mieux l'éviter, de crainte que le lecteur ne rencontre certaines des créatures décrites dans ses pages: Bathin, par exemple, qui «apparaît comme un Homme Fort ayant la queue d'un Serpent, assis sur un Cheval de Couleur Pâle», ou, pire encore, Bune, qui se manifeste comme un dragon à trois têtes à la voix «haute et avenante».

LE PAPE HONORE ET LE JEUNE COQ

Le Grimoire d'Honoré est un livre interdit qui a été décrit en des termes encore pires que ceux que l'on applique à la *Goétie.* Un auteur occulte du siècle dernier affirmait même qu'il faisait l'apologie du meurtre rituel comme moyen d'obtenir des pouvoirs magiques.

L'auteur en question était Eliphas Levi (voir page 55), qui affirmait dans sa *Clé des Grands Mystères* que quand le *grimoire* conseille au sorcier de sacrifier un enfant vierge, il veut vraiment dire qu'un enfant humain, et non une jeune chèvre, doit être assassiné.

En France au siècle dernier, un certain nombre de faux grimoires, dont le contenu avait encore moins de valeur que le Grimoire d'Honoré, *furent publiés par des éditeurs entreprenants.* Le Sage des Pyramides *(également publié sous le titre* La poulette noire*) est typique de ce genre de littérature occulte mensongère. On y trouve des instructions permettant de fabriquer des « anneaux au pouvoir miraculeux ».*

Des codes trompeurs

Il n'existe pas de preuves à l'appui de cette remarquable affirmation, même s'il était sans doute davantage dans le vrai en déclarant qu'au moins certains des *grimoires* étaient écrits dans un langage codé qui cachait la véritable signification du texte à tous, sauf à quelques étudiants dévoués de l'occulte. Il semble que ce soit le cas au moins pour certains textes alchimiques (voir page 118), et rien ne permet de penser que certains écrivains des *grimoires* n'étaient pas capables de présenter leurs enseignements en les masquant derrière des codes et des symboles. Quant à savoir si de tels codes peuvent être perçus, à plus forte raison décryptés, dans le texte d'*Honoré*, c'est autre chose.

Il semble généralement admis parmi les étudiants de la magie rituelle que cet ouvrage, qu'il soit ou non, comme l'affirmait Levi, « un véritable monument de perversité humaine », il est certainement dangereux. C'est ainsi que le Dr Encausse (mort en 1916), un médecin qualifié qui pratiquait la magie blanche et était un prédécesseur de Raspoutine au poste de conseiller spirituel du dernier Tsar de Russie, affirmait que l'utilisation des méthodes d'attaque occulte que contenaient ses pages était plus dangereuse pour le sorcier que pour ses ennemis. Dangereuse, peut-être, mais aussi extrêmement difficile.

Car, s'il est certain qu'*Honoré* ne fut pas rédigé par l'un des papes qui portèrent ce nom, il semblerait, selon des preuves internes, qu'« Honoré » ait été un prêtre catholique. Presque toutes les techniques décrites dans le livre conseillent au magicien noir de pervertir les rites de l'Église dans des buts goétiques : autrement dit, celui qui veut expérimenter les méthodes d'Honoré doit être lui-même prêtre, ou bénéficier de la coopération d'un prêtre.

Une messe du Saint-Esprit devait être dite à minuit en préliminaire au sacrifice d'un jeune coq noir au lever du soleil. Ensuite, une plume de cet oiseau doit servir à inscrire sur une toile des sigles ou signes magiques. « L'encre » servant à tracer ces symboles serait du vin consacré lors d'une Messe des Anges.

Ci-dessus, le dessin gravé sur l'un des futiles anneaux magiques décrits dans le Sage des Pyramides. *A droite, un portrait du démon Lucifuge Rofocale (que le magicien Aleister Crowley considérait avec sarcasme comme un excellent compagnon pour l'écrivain occulte A.E. Waite), extrait d'un grimoire du dix-huitième siècle.*

Un blasphème de la pire espèce

Selon les croyances catholiques, ce vin est en substance, sinon en apparence, le véritable Sang du Christ. L'utiliser comme «encre magique» constituerait un blasphème de la pire espèce. Le fait que l'auteur de ce texte pseudo-papal ait recommandé une telle utilisation pour une substance que les Catholiques ont toujours considérée avec respect et dévotion montre, de manière concluante, que si on prend ces mots littéralement, il était blasphémeur, hérétique et adepte de la magie noire de la teinte la plus sombre.

Peu de *grimoires* sont représentatifs d'une pure magie noire. Si on peut interpréter *Honoré* de manière autre que symbolique, ce livre doit cependant se classer dans cette catégorie, un ouvrage malade pour des hommes malades.

Le Tsar Nicolas II, assassiné par les communistes en 1918, a été canonisé par l'Église Russe en Exil, bien qu'il ait fréquenté le Dr Encausse (Papus) et d'autres occultistes.

CHIEN NOIR, FRERE NOIR

Cornelius Agrippa, auteur des trois premiers livres de la Philosophie Occulte *et peut-être également auteur du quatrième livre, contenant des instructions précises pour soulever les esprits.*

Au début du dix-huitième siècle, un homme d'église de Bristol écrivit à son évêque pour lui décrire les événements qui avaient précédé la mort d'un jeune homme, victime d'un « dérangement fatal ». Le prélat pensait que cet état avait été « provoqué par la peur suscitée par les esprits la dernière fois qu'il les avait soulevés. »

Soulever les esprits

L'homme qui avait reçu ce choc était Thomas Parkes, un jeune astrologue, et les esprits qu'il avait soulevés, ou qu'il pensait avoir soulevés, étaient :

> *... apparus plus vite qu'il le souhaitait, et sous les formes les plus terribles – serpents, lions, ours, etc. sifflant contre lui, ce qui l'effraya beaucoup : il fut encore plus effrayé en découvrant qu'il ne lui était pas possible de les vaincre, et en s'attendant à chaque instant à être mis en pièces.*

Une note du dix-huitième siècle identifie le livre dont Parkes tirait ses expériences : « C'était le quatrième livre de la *Philosophie Occulte* de Cornelius Agrippa » – peut-être le plus répandu de tous les *grimoires* publiés.

Comme la plupart des *grimoires*, le quatrième livre de la... *Philosophie Occulte* est entouré d'un certain mystère. On suppose généralement que l'ouvrage est un faux, et qu'il n'est pas dû à son auteur supposé, Cornelius Agrippa (1486-1535). L'auteur présent n'est pas certain de la véracité de cette affirmation.

Agrippa fut certainement l'auteur des livres I à III de la *Philosophie Occulte.* Ces ouvrages traitent des connaissances cachées ou interdites, contenues dans la « doctrine des correspondances » (voir page 55), et d'autres théories soulignant les techniques de magie rituelle, noire et blanche.

Le mystère du quatrième livre

La principale raison de supposer qu'Agrippa ne fut pas également l'auteur du Livre IV de la *Philosophie Occulte* tient au fait que longtemps après la mort de son auteur présumé, son ancien secrétaire affirma qu'il n'était pas authentique.

Par ailleurs, ce livre contient des passages qui ressemblent fort à des passages des livres II et III – or, on a dit qu'il est peu probable qu'Agrippa se soit plagié lui-même.

La première raison ne semble pas très concluante. Au moment où le secrétaire, Wier, fit son affirmation, le quatrième livre ainsi que le souvenir posthume d'Agrippa avaient acquis une réputation sinistre.

On disait que les procédés enseignés dans le quatrième livre étaient capables de mettre l'utilisateur en contact avec les princes de l'enfer et qu'Agrippa les avait employés dans ce but précis. Selon ces récits, il aurait vendu son âme à Satan et acquis comme domestique un esprit familier – une entité maline qui, sous la forme d'un chien noir, accompagnait son maître partout.

Wier, en tant qu'ancien compagnon d'un homme qui avait inspiré, même à tort, de telles histoires, était vraiment menacé de prison, voire même du bûcher. Il était donc de son propre intérêt de prétendre que le quatrième livre était une supercherie et qu'Agrippa n'était pas un pratiquant de la goétie – même si Wier était presque certain que son maître disparu avait écrit ce livre, il était préférable pour lui de le nier.

Il est peu probable que le mystère du quatrième livre soit un jour éclairci. On peut cependant être certain que son contenu représente un développement logique des livres I à III de la *Philosophie Occulte*, et que celui qui l'a écrit était qualifié dans toutes les théories et techniques de la magie – même s'il était peut-être ce que certains occultistes appellent un Frère Noir, un allié des forces des ténèbres.

La magie rituelle a été associée à de nombreux mythes et légendes concernant à la fois ses pratiquants et ses pratiquants supposés. *Le poète Virgile – qui ne pratiqua jamais la magie de sa vie – acquit la réputation posthume d'avoir été magicien, et sa tombe fut fréquentée par des hommes et des femmes en quête d'une aide surnaturelle. Des légendes similaires, mais bien plus déplaisantes, sont nées autour de Cornelius Agrippa, philosophe et étudiant du cabbalisme chrétien. On disait qu'il faisait l'apologie de la sorcellerie et du satanisme et qu'il était un allié du diable. Au dix-neuvième siècle, il était devenu un croque-mitaine effrayant les enfants.*

Moïse, distributeur de la loi d'Israël, qui délivra son peuple de l'esclavage en Égypte, avait acquis la réputation d'un magicien parmi les occultistes païens dès le premier siècle avant J.C. et son nom figurait parmi les « Noms Puissants » dans plusieurs papyrus magiques gréco-égyptiens. Le fait que les païens aient attribué à Moïse une réputation de magicien très puissant n'est pas si surprenant compte tenu du récit qui est fait de sa vie dans le Livre de l'Exode. *Il y est notamment écrit que, grâce à des pouvoirs spécialement conférés par Dieu, lui et son frère Aaron, accomplirent des merveilles dépassant largement la magie des sorciers d'Égypte, qu'il transforma les eaux du Nil en sang, ouvrit en deux la mer Rouge, et fit apparaître dans le désert de l'eau pure en frappant un rocher de son bâton.*

LE LIVRE PERDU DE MOISE

Il est possible que la *Clé de Salomon*, la *Goétie*, et les autres livres interdites et peut-être dangereux décrits dans les pages 104 à 112 contiennent des traces d'une connaissance en grande partie perdue. Autrement dit, que l'étudiant de la littérature obscure capable de « lire entre les lignes », de percevoir la véritable signification du langage codé des *grimoires*, puisse discerner légèrement les contours d'une science sombre et secrète.

Il est également possible que les techniques pratiques dérivées de cette science dangereuse, les « Arts Noirs » de certains magiciens aient permis à des hommes et des femmes audacieux ou intrépides d'entrer en une étrange communion avec des entités non humaines, de mystérieux êtres dont l'habitat se situerait en dehors du temps et de l'espace occupés par l'humanité. Enfin, il est possible que, comme l'ont affirmé des occultistes, certains de ceux qui ont maîtrisé les Arts Noirs aient, par suite de leurs contacts avec des dieux obscurs, acquis la richesse, le pouvoir, l'amour et une certaine sagesse.

Une sorte de magie noire

Quoi qu'il en soit, il ne fait aucun doute qu'il y a peu de traces de la moindre « science secrète » dans cette famille dégénérée de *grimoires* du siècle dernier, parfois appelés les « Livres perdus de Moïse ». D'une manière générale, le contenu de ces ouvrages peut être qualifié de stupide, futile et plutôt répugnant – une sorte de magie noire, mais la magie noire des ignorants et des stupides, dans laquelle le prétendu sorcier reconnaît lui-même ne pas posséder toutes ses facultés. Prenons l'exemple des « expériences magiques » suivantes :

> *Pour qu'une femme se soumette à vous, inscrivez votre nom sur votre porte avec du sang provenant de votre main. Écrivez ensuite votre nom sur du papier avec du sang provenant de votre doigt. Dites alors la prière suivante : Je vous conjure, esprits forts au nom de Dieu, IH, IHVH, IHVH. Ceci est vraiment l'épée de Moïse avec laquelle il accompagna ses miracles et ses œuvres puissantes, que cette Épée soit efficace et que son Seigneur s'approche pour me servir.* »

En dépit du fait que cette « prière » avait peu de rapport avec le but de l'exercice – la soumission, sans doute sexuelle, d'une femme – l'auteur des *Huitième, Neuvième et Dixième Livres Perdus* de Moïse affirme à ses lecteurs qu'elle « viendra rapidement à vous ».

Cette expérience a au moins le mérite d'être économique : même si le magicien qui l'effectue a peu de chances d'obtenir la femme qu'il convoite, il ne risque pas de perdre autre chose qu'un peu de sang et sa réputation de bon sens.

Comment ne pas multiplier l'argent

On ne saurait en dire autant d'un procédé destiné à multiplier l'argent, et décrit en détails dans l'édition du dix-neuvième siècle des *Sixième et Septième Livres de Moïse.* Cette méthode, trop longue pour être reproduite ici, comporte des instructions selon lesquelles le magicien doit verser 13 bouteilles de parfum sur le sol, réciter de très longues incantations, sacrifier une colombe, agiter un étrange drapeau diabolique, construire un cercueil miniature et le remplir d'encens et d'argent, et – enfin – tuer un cerf et distribuer sa chair aux personnes âgées et pauvres de la région.

De toute évidence, ceux qui recherchent les connaissances perdues, par opposition à la sorcellerie, dans les *Livres Perdus de Moïse*, seront déçus.

Ci-dessus et ci-dessous, des talismans extraits d'une édition controversée des Sixième et Septième Livres de Moïse, *imprimés en Inde pendant les années 1950. Les symboles et les mots d'hébreu qui y figurent, dérivés des grimoires du dix-septième siècle, sont corrompus.*

Alchimie et secrètes connaissances

La richesse, la vie éternelle et la transformation de la nature de l'existence humaine sont les objectifs de ceux qui recherchent les connaissances de l'alchimie.

L'ART NOIR

La vie d'Aleister Crowley (voir page 16) est peut-être la mieux documentée de tous les magiciens – blancs ou noirs, passés ou présents. C'est ainsi qu'on peut être sûr que si certains de ses ennemis, comme W.B. Yeats (voir page 108), le considéraient, selon les propres mots de Yeats, comme un «fou immonde», il ne fut jamais interné dans un hôpital psychiatrique, ne serait-ce que pour quelques jours.

Il est par conséquent étonnant que dans deux de ses ouvrages, *Au Diable, une fille*, et *Le Diable et Toutes ses Œuvres*, Dennis Wheatley ait raconté de façon affirmative comment Crowley passa plusieurs mois dans «un asile privé à proximité de Paris».

Selon Wheatley, c'est une visite du Grand Dieu Pan qui aurait été responsable de cet événement. Crowley aurait commencé à avoir des idées démesurées de sa propre importance dans le monde de l'occulte et aurait décidé qu'il était un adepte si connaisseur qu'il pouvait, en toute sécurité, faire appel à Pan pour qu'il se manifeste de façon visible et exiger son obéissance.

Crowley et l'un de ses proches disciples, auquel M. Wheatley donna le nom assez étrange de «McAleister», autrement dit, «fils d'Aleister», s'enfermèrent dans une chambre à coucher à Paris pour célébrer leur rite. A un étage inférieur, un groupe de jeunes magiciens attendaient le résultat de la tentative de Crowley pour asservir Pan.

Nuit de terreur

Soudain, les disciples entendirent des bruits au-dessus de leur tête: des hurlements, des cris, des chocs ressemblant au bruit de poids très lourds lancés dans la pièce. Puis, ce fut le silence, un silence qui dura jusqu'au lendemain matin, lorsque les disciples trouvèrent enfin le courage d'enfoncer la porte du temple de Pan improvisé par Crowley.

Le sanctuaire avait été transformé en un spectacle horrible. McAleister était mort, son corps livide étendu sur le sol. Son regard exprimait la terreur et l'incompréhension. Dans un coin était assis Crowley, vaniteux et arrogant. Il était couvert de sang, sa robe magique était en lambeaux, et il ne parvenait pas à proférer une phrase cohérente. Il fut conduit dans un asile privé et, six mois plus tard, son état s'était suffisamment amélioré pour qu'on le libère. Il ne récupéra jamais vraiment de l'horreur de cette expérience. Ses pouvoirs occultes avaient en grande partie disparu et il ne parvint jamais à mentionner cette fameuse nuit, à plus forte raison à décrire ce qui leur était arrivé, à McAleister et à lui, dans cette pièce de terreur; c'est du moins ce qu'affirma M. Wheatley.

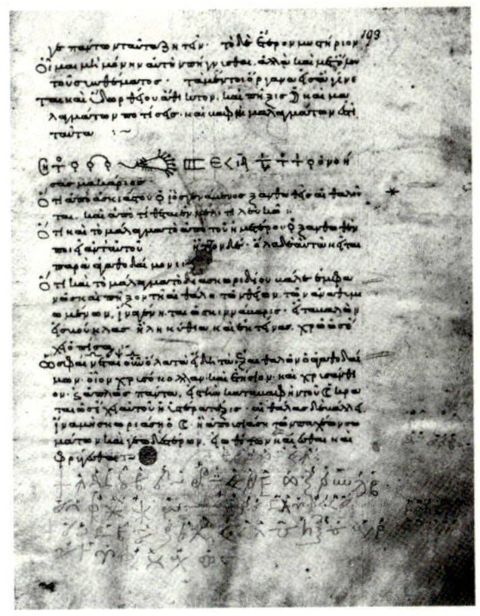

A gauche, la couverture d'un des livres de l'alchimiste Michaël Maier, célèbre pour son ouvrage Tripus Aureus *(1618), qui contenait une série d'illustrations très révélatrices de l'opinion que les alchimistes se faisaient du monde. Ci-dessus, une page d'un récent exemplaire d'un ouvrage de Zosimus, un alchimiste gréco-égyptien qui vécut au quatrième siècle. Certains des symboles décrits par Zosimus sont d'origine astrologique. Ci-dessous, un dessin illustrant la cosmologie alchimique, tiré de l'édition de 1677 d'un livre attribué, peut-être faussement, à un alchimiste du quinzième siècle, Thomas Norton de Bristol.*

Vrai ou faux ?

Si Crowley n'aborda jamais ce sujet, c'est, comme nous l'avons dit plus tôt, que ces événements ne s'étaient jamais produits – Aleister Crowley ne fut jamais interné dans un asile psychiatrique, et le mystérieux McAleister n'existait pas.

Il n'y a pas de raison de douter que M. Wheatley croyait à la véracité de son histoire, ni des informations qu'il donna à l'écrivain Gerald Suster quant à son histoire : il l'aurait apprise de la bouche d'un député Travailliste, Tom Driberg, lui-même compagnon de boisson de Crowley. Mais Tom Driberg inventa-t-il complètement cette histoire pour plaisanter, ou est-ce qu'il adapta un récit plus ancien et plus authentique ?

Cette dernière solution est la bonne. Cette histoire n'est en effet rien de plus qu'une version remaniée de ce qui serait arrivé à un sorcier du quinzième siècle, associé du meurtrier Gilles de Retz (voir page 40). On se souviendra que ce dernier cherchait à transformer le plomb en or grâce à l'assistance du diable.

L'association entre la magie noire et l'alchimie est très ancienne.

LE DRAGON ET L'AIGLE

Par le stimulus du... feu à l'Athanor doit se produire... une ascension depuis cet instrument vers la Cucurbite... Le mélange... provoque immédiatement la... corruption du Serpent... De la corruption du Serpent surgit le resplendissant Phoenix...

Il s'agit là d'un extrait d'un manuscrit d'alchimie relativement récent. Comme de nombreux manuscrits de ce genre, il ne veut pas vraiment dire ce qu'il dit. En effet, que certains *grimoires* transmettent ou non une connaissance interdite dans un « langage obscur » codé (voir page 110), il ne fait aucun doute qu'une grande partie de la littérature alchimique utilise des mots dans d'autres acceptions que leur signification habituelle.

Langage obscur codé

La citation ci-dessus en donne un bon exemple, même si elle est assez récente. Par exemple, « Athanor » est un autre mot pour un ancien type de foyer de laboratoire, alors que la « Cucurbite » est un ancien appareil de distillation. Toutefois, « l'Athanor » et la « Cucurbite » dont il est question ici sont des parties du corps humain, et le « Phoenix resplendissant » qui surgit de la « Cucurbite » est un mystérieux élixir d'origine biologique qui, dit-on, pourrait guérir les malades, prolonger la vie, attirer « l'or rouge » vers l'alchimiste, et être utilisé pour de nombreuses activités magiques.

La nature exacte des procédés permet de produire ce prétendu élixir de la vie, qu'un adepte d'origine indienne pourrait appeler « Amrita », est un secret jalousement gardé par un certain nombre de petits groupes ésotériques qui, aujourd'hui encore, recherchent les connaissances interdites de la magie, de l'alchimie et d'autres arts secrets. Pourtant, paradoxalement, ces « secrets jalousement gardés » sont disponibles à quiconque peut percer le code du langage obscur dans lequel sont rédigés des parties de différents ouvrages faciles à se procurer. C'est par exemple le cas du chapitre intitulé « La Messe du Saint-Esprit » dans le livre du Dr Israël Regardie, *L'Arbre de Vie.*

Ci-dessus, une représentation symbolique, extraite d'un livre imprimé en 1677, du procédé alchimique intitulé Putréfaction. Selon Ripley et d'autres écrivains alchimistes, les sept étapes du procédé permettant de transformer la mystérieuse « Première Matière » en « Pierre Philosophale » étaient la Calcination, la Solution, la Séparation, la Conjonction, la Putréfaction, la Congélation et, divisée en cinq catégories, la Fabrication de la Pierre Rouge. A gauche, une cucurbite, un appareil de distillation utilisé lors de la première des sept étapes mentionnées ci-dessus.

Zoologie mythique, héraldique occulte

Le langage codé de la plupart des textes alchimiques est remarquable par l'utilisation de ce que l'on ne peut appeler que la « zoologie mythique » ou « l'héraldique occulte ». On y trouve des quantités d'Aigles Blancs et de Dragons Noirs, de Phoenix Resplendissants, de Lions Verts, et de nombreux autres oiseaux et animaux qui n'existent pas sur notre planète. Manifestement, ces créatures symbolisent des substances ou des procédés et l'étudiant des connaissances interdites doit les interpréter au mieux de ses capacités.

Cette interprétation n'est pas aussi facile qu'il y paraît, car il existe de nombreux pièges pour ceux qui ne se méfient pas ou qui sont trop confiants. Le plus évident de ces pièges, qui est pourtant celui dans lequel tombent la plupart des victimes, concerne le langage du symbolisme. Le système symbolique utilisé dans deux textes alchimiques peut être semblable, mais *les symboles doivent être interprétés différemment.*

C'est ainsi que le Dr Regardie pratiquait l'alchimie intérieure de la « Messe du Saint-Esprit », contenant des procédés que les Chrétiens orthodoxes considéreraient au mieux comme détournés et, au pire, comme de la sorcellerie et de la magie noire. Mais il pratiquait aussi une différente sorte d'alchimie. La signification des mots codés « Aigle Blanc » dans un certain contexte pouvait être très différente.

L'un des superbes dessins symboliques illustrant les différentes étapes de la Grande Œuvre alchimique, extrait d'un manuscrit du seizième siècle de la Splendor Solis *de Salomon Trismosin. Un paon exhibant ses couleurs arc-en-ciel était le symbole alchimique fréquent de la Putréfaction, qui commencerait par la transformation de la Première Matière en un liquide sombre, épais et bouillonnant, se poursuivrait par son refroidissement et sa pourriture, et se terminerait par l'apparition de magnifiques couleurs.*

POUDRES DE PROJECTION

L'alchimie de laboratoire, ou alchimie physique par opposition à l'alchimie intérieure pratiquée par Israël Regardie (voir page 119), concerne les propriétés secrètes et subtiles des substances chimiques. On pourrait l'appeler « parachimie », car elle se préoccupe de ce qui va *au-delà* de la chimie, le paraphysicien, ou chercheur psychique, s'intéressant à ce qui se passe au-delà de la physique de laboratoire.

Suivre la voie de l'alchimie

L'alchimie physique a été tournée en dérision par beaucoup comme une simple folie, dénoncée par certains comme une magie noire déguisée – Satan y portant une tenue de soirée – et complimentée par quelques-uns comme une connaissance secrète capable de transformer le plomb en or, de guérir les malades et même de prolonger la vie humaine de façon extraordinaire.

Même durant les siècles où l'alchimie physique était le plus fréquemment pratiquée en occident – en gros, de 1350 à 1650 – la plupart des gens considéraient plutôt ses adeptes avec un mélange de crainte et de mépris.

D'une part, ces pratiquants faisaient l'objet de moqueries, comme dans l'un des *Contes de Canterbury* de Chaucer, où ils étaient traités de fous ou d'escrocs. D'autre part, ils étaient soupçonnés de pratiquer la magie noire, d'essayer de fabriquer de l'or avec l'aide de démons, et plus d'un alchimiste de la Renaissance vit sa bibliothèque et son laboratoire vandalisés par des foules furieuses. Même le lieu où ils pratiquaient leur art était encore considéré des dizaines d'années plus tard comme étrange. C'est ainsi qu'un antiquaire du dix-septième siècle, Elias Ashmole, lui-même alchimiste et astrologue, raconta qu'une petite maison qu'il avait visitée à la campagne (et qui avait été occupée par un alchimiste presque un siècle plus tôt) avait la réputation d'être « troublée », le terrain de prédilection d'esprits ou de démons agités et malveillants.

Ce mélange de moquerie et de crainte de l'alchimie physique était peut-être assez justifié pour ceux qui entreprennent de comprendre le langage obscur de certains textes comme *Entrée Ouverte dans le Palais Clos du Roi.*

Car le charlatan et l'escroc, avec leurs fausses « poudres de projection », leurs « élixirs de vie » et leurs « suprêmes secrets », ont toujours perturbé les chercheurs sérieux des connaissances interdites, qui choisissent la voie de l'alchimie. Ceux qui se sont engagés dans cette voie n'ont souvent trouvé que déception à son terme et certains alchimistes physiques, désespérant d'atteindre leur but par des moyens justes, ont opté pour des choix plus sinistres, se tournant vers la sorcellerie et la magie noire.

Paracelsus (1493-1541), créateur de la médecine alchimique. Ses théories sont toujours considérées comme importantes par des médecins qui pratiquent la médecine anthropophysique de Rudolf Steiner.

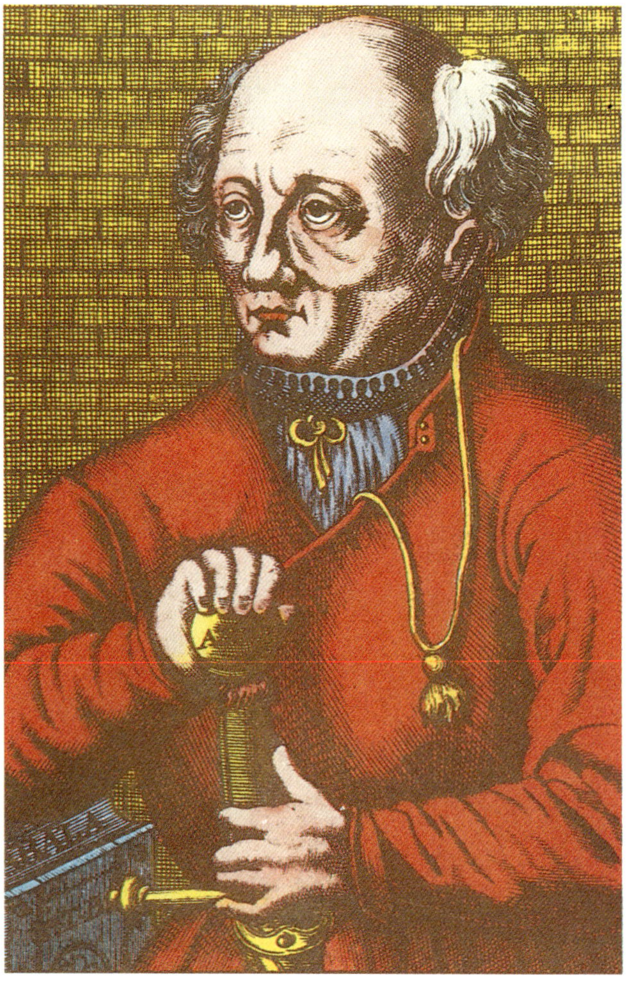

Néanmoins, certains de ceux qui ont pratiqué l'alchimie physique ont, s'il faut en croire la tradition, atteint la maîtrise de ses procédés et les objectifs qu'ils visaient.

Supercherie ou histoire vraie ?

Une histoire particulièrement importante de ce genre est apparue avec Helvetius, médecin personnel du Prince d'Orange, un homme cultivé et honnête qui était dans un premier temps sceptique quant aux prétentions des alchimistes. Selon Helvetius, qui raconta cette histoire à plusieurs personnes, notamment au philosophe Spinoza, il reçut en septembre 1666 la visite d'un mystérieux inconnu qu'il vit par la suite transformer du plomb en or.

Supercherie ? Ou le visiteur d'Helvetius était-il l'un de ces adeptes dont on croyait qu'ils possédaient le secret de la jeunesse éternelle ?

Ci-dessus, un foyer alchimique chauffant simultanément quatre séries d'appareils de distillation. La distillation était un intérêt obsessionnel pour les alchimistes et les liquides étaient distillés et redistillés, dans le but de modifier leurs propriétés ; certains procédés décrits par l'alchimiste Geber comprenaient 700 distillations du même liquide. Ci-dessous, une représentation symbolique du procédé de la Séparation, une distillation des liquides à partir de la Première Matière.

La cosmologie alchimique : une gravure datant de 1670 environ. Les lettres en hébreu de la Tetragrammation, le nom divin le plus sacré, se retrouvent partout. En bas : des créatures mythiques des connaissances alchimiques.

LES PIECES SECRETES

La création de la vie intelligente est généralement considérée comme le seul et exclusif droit Divin. Tout être humain qui tenterait d'en faire autant, cherchant ainsi à imiter le Créateur, ne saurait être considéré par les orthodoxes que comme un blasphémateur — un magicien noir.

Certains s'y sont cependant risqués, même s'il est probable qu'il n'y a que dans les légendes que certains sont parvenus à un véritable succès. Ces légendes existent dans toutes les régions du monde. Certaines des plus typiques concernent le Golem.

Les Golems

Le mot hébreu *« Golem »* n'apparaît qu'une fois dans l'Ancien Testament : il désigne un « embryon humain ». Dans la légende juive, cependant, le mot Golem a peu à peu été appliqué à un être créé artificiellement, généralement, mais pas toujours, stupide, doté d'une grande force physique et, parfois, d'intelligence.

Le légendaire Golem est fait d'argile par un « faiseur de merveilles », doté de la vie par l'utilisation du mot puissant « Emeth » et retransformé en argile par le mot « Meth » ou mort. Ce retour n'est utilisé que quand le Golem devient si fort qu'il commence à effrayer son créateur.

Bien que les différentes histoires circulant sur un Golem particulier, celui de Prague, par exemple, qui aurait été créé au seizième siècle par le Rabbin Judah Loew, ne soient que des contes de fées, ils contiennent malgré tout une parcelle de vérité. Car il semblerait qu'ils soient finalement dérivés des souvenirs d'un rituel de création de la vie employés par certains mystiques juifs du Moyen Age.

Il s'agissait des Chassidim allemands des douzième et treizième siècles qui, fondant leurs convictions sur le texte mystérieux intitulé *Sepher Yetzirah*, « le Livre de la Formation », auraient rituellement et symboliquement donné la vie à une figurine d'argile.

Cela se produisait à la conclusion d'une étape particulière des études du mystique. Il confectionnait avec de l'argile une figurine en forme d'embryon, qu'il enterrait ensuite dans la terre – la matière qu'aurait utilisée Dieu pour créer Adam – ou encore, il fabriquait le Golem à partir de terre vierge. Ensuite, il tournait autour dans le sens des aiguilles d'une montre, le dotant symboliquement de la vie en récitant certaines combinaisons étranges de chiffres et de lettres tirées du *Sepher Yetzirah*. La vie symbolique acquise par la figurine lui était retirée par une invocation contraire et l'utilisation d'autres « mots puissants ».

Comme l'ont souligné R.J. Werblowski et d'autres auteurs qui se sont intéressés au mysticisme médiéval juif, il est certain que ces rites n'étaient pas destinés à créer des robots.

A gauche, une gravure du dix-septième siècle représentant les résultats supposés d'un procédé alchimique complexe conçu pour rendre visible « l'esprit d'une rose » à partir de ses cendres. Il est intéressant de noter que l'occultiste Louis Hamon, ancien associé de Crowley, affirmait avoir assisté à une telle expérience au vingtième siècle. Ci-dessus, le Lion Vert avalant le Soleil, un symbole alchimique représentant l'or dissout dans un mélange d'acides nitrique et chlorhydrique appelé Aqua Regia, « Eau Royale ».

Les vies symboliques

Des tentatives plus brutes pour créer la vie ont été effectuées par des occultistes des siècles passés, et, dans des pièces secrètes et des chapelles de vaine observance (voir page 12), des tentatives similaires sont encore entreprises aujourd'hui. Ces expériences présentent souvent un aspect sexuel perverti et, pour la plupart des gens, sembleraient relever davantage de la magie noire que des recherches mystiques. Des versions vulgarisées et extrêmement stupides de ces expériences se retrouvent dans les pages d'ouvrages occultes français publiés entre 1750 et 1850, comme *Le papillon vert* et la *Reine des Mouches Velues*, au titre très curieux. Il s'agit de *grimoires* inférieurs (voir page 104) que l'on ne saurait prendre au sérieux.

LA RENAISSANCE DE L'ALCHIMIE

Depuis 1890, on a assisté à la renaissance de l'occulte. Dans chaque village et chaque ville des pays occidentaux, d'importants groupes de personnes se consacrent à des études autrefois réservées à des coteries limitées d'enthousiastes. Certains de ces groupes s'adonnent à la magie, blanche ou noire, et d'autres à l'alchimie – « l'art interdit », qui a toujours été associé à la magie, à l'astrologie et à d'autres sciences mystérieuses.

L'alchimie, comme la magie, a toujours eu ses adeptes, mais ils étaient plutôt rares entre 1700 et 1900. Dès 1900, cependant, des occultistes enthousiastes, français pour la plupart, commençaient à associer la recherche alchimique et l'étude de la magie.

Chimiste ou alchimiste ?

Le plus célèbre d'entre eux était M. Jolivet-Castelot, qui affirmait avoir fabriqué de l'or, « en petite quantité seulement ». Il était à la tête d'un groupe d'alchimistes installé à Douai et, en 1914, il fonda la Société Française de l'Alchimie.

La plupart des gens penseraient qu'un homme qui prétend avoir transformé des métaux de base en or ne peut être considéré que comme un alchimiste, mais certains occultistes français affirmaient que M. Jolivet-Castelot était un simple chimiste. C'est ainsi qu'en 1926 M. Auriger écrivit à son sujet dans le magazine *Le Voile d'Isis* : « Les transformations qu'il prétend avoir accomplies par la chimie et par la chimie seulement. » Cette remarque est significative, car elle concerne les croyances magiques fondamentales de la plupart des pratiquants de l'alchimie physique du vingtième siècle.

L'alchimiste physique manipule des substances physiques dans son laboratoire, ressemblant ainsi beaucoup à un chimiste normal – mais la théorie qui soutient ses activités et le but de ces procédés laborieux diffèrent de ceux de la science traditionnelle.

L'alchimiste cherche à élever des substances naturelles vers un niveau plus haut, à les ratrapper, en quelque sorte, de la corruption de leur nature

Le Dragon-Serpent de l'alchimie, dévorant sa propre queue. Ce symbole était utilisé par les alchimistes grecs du quatrième siècle et, mille ans plus tard, était toujours employé par des alchimistes comme Thomas Charnock (1526-1581).

déchue, à transformer la nature de l'existence de ces substances.

Tout en parvenant à cette transformation et à cette élévation, l'alchimiste est persuadé de *racheter et de transformer sa nature intérieure.* De plus, à moins que ces changements intérieurs et magiques ne surviennent, les procédés de l'alchimie physique, même fidèlement respectés, ne pourraient pas, dit-on, aboutir à l'effet désiré.

Par conséquent, le fait même que M. Jolivet-Castelot ait affirmé que ses prétendues transformations pouvaient être vérifiées par des chimistes orthodoxes était considéré comme une indication que ses travaux n'étaient pas de nature alchimique.

Était-il alchimiste physique, ou simplement un chimiste orthodoxe ? Quoi qu'il en soit, M. Jolivet-Castelot était sans doute un occultiste qui étudiait la magie – noire et blanche – et il pratiquait peut-être cette dernière, qu'il croyait liée au symbolisme des tarots.

Aujourd'hui encore, l'alchimie est très répandue en France, même si la fabrication de l'or semble moins prisée désormais que la fabrication d'élixirs et de « médicaments occultes » de nature organique et inorganique.
C'est ainsi qu'un certain M. Barbault a préparé un élixir dérivé de rosée et qu'il a qualifié d'une nouvelle matière dotée de « propriétés mystérieuses, peut-être vitales. »

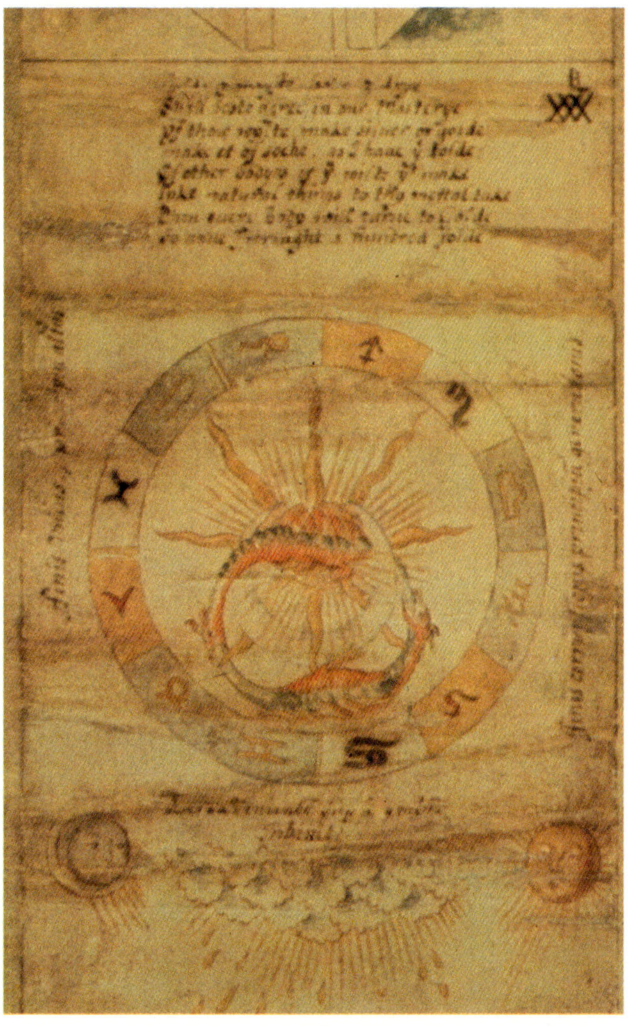

Des symboles zodiacaux et alchimiques illustrant l'un des ouvrages de Sir George Ripley, qui consacra différents livres à l'alchimie entre 1450 et 1480 environ. Ripley pensait que les signes du zodiaque avaient un rapport avec les différentes étapes du travail alchimique : le bélier, par exemple, représentait la Calcination.

Des expériences dangereuses

Des préoccupations médicales similaires ont caractérisé les recherches des alchimistes anglo-saxons. C'est ainsi que le Dr Regardie (voir page 119), après avoir confectionné différentes potions médicinales et sa mystérieuse « pierre de feu », tenta sans succès de créer l'élixir de vie, endommageant ses poumons lors d'une explosion dans son laboratoire.

Comme toutes les connaissances interdites, l'alchimie physique présente certains risques.

Une illustration tirée de l'édition de 1702 du Livre du Changement. *Le procédé de Conjonction, dans lequel le soleil et la lune – ou l'or et l'argent – se réunissent par sublimation, est représenté symboliquement comme un rite de mariage béni par les anges.*

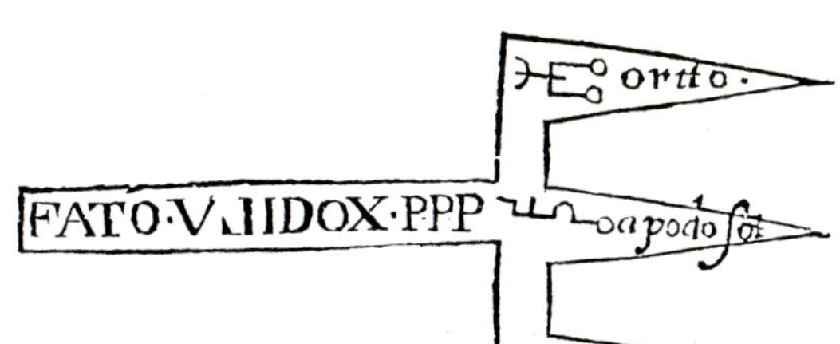

LE SECRET DE LA VIE ETERNELLE

Depuis le seizième siècle au moins, certains étudiants de l'alchimie affirment que certaines des sculptures qui se trouvent sur des cathédrales médiévales, comme celles-ci, à Notre-Dame, représenteraient les différentes phases de leur science mystique, depuis la première, ou Calcination, jusqu'à la dernière, la Projection.

Y a-t-il des adeptes parmi nous ? Des hommes et des femmes qui ont appris les secrets d'une science cachée conférant le pouvoir de prolonger considérablement la vie humaine ? Si c'est le cas, ces hommes et ces femmes sont-ils au service de la lumière ou des ténèbres ? Sont-ils des pratiquants de la magie noire, ou des saints auxquels ces êtres, que certains occultistes appellent « les Seigneurs de la Flamme », ont conféré la vie éternelle ?

Quelle que soit la réponse à ces deux dernières questions, il ne fait aucun doute que si certains individus sont parvenus, ou se sont vu conférer le don de la vie éternelle, l'alchimiste Fulcanelli doit en faire partie. Du moins, si Fulcanelli existe vraiment – ou a vraiment existé – ailleurs que dans l'imagination d'un certain nombre d'alchimistes et de magiciens, français pour la plupart.

L'un de ceux qui auraient bien connu Fulcanelli était Jean-Pierre Champagne, un peintre de talent qui s'adonnait aussi au satanisme et se considérait comme un alchimiste assez accompli pour donner des cours dans ce domaine.

Il n'y a pas de raison de douter du satanisme de Champagne. En 1939, un journaliste bien informé, Pierre Geyraud, décrivit la manière dont Champagne... « contribua à l'organisation d'une Société Luciférienne... au nombre de membres très limité, et conçut lui-même... un démon androgyne... pour le sanctuaire intérieur... dont la main gauche brandissait un emblème impossible à décrire. »

En 1922, Champagne et un chimiste industriel nommé Gaston Sauvage furent témoins d'une expérience alchimique effectuée par un certain M. Canseliet avec une poudre mystérieuse fournie par Fulcanelli.

Ce fut une réussite complète ; les alchimistes assistèrent à la transformation de 100 grammes de métal de base en or pur.

La Jeunesse éternelle

Il possédait aussi un trésor encore plus important, s'il faut en croire les récits d'un certain nombre d'étudiants de l'alchimie. En effet, depuis 70 ans, ceux-ci l'auraient rencontré à plusieurs reprises, aussi jeune, et parfois plus jeune, au fil des années. Autrement dit, Fulcanelli posséderait le secret de la jeunesse éternelle.

Parmi ceux qui firent l'expérience de ce remarquable phénomène, se trouvait Gerald Heym, un étudiant sérieux de l'alchimie et du mystérieux tantrisme gaucher (voir page 76). Ce ne fut pas la seule expérience surprenante que vécut M. Heym lors de ses rencontres avec Fulcanelli. C'est ainsi qu'un jour, il rendit visite à Fulcanelli dans un château retiré situé... en Espagne. Malheureusement, il ne put jamais se souvenir précisément par la suite de la manière dont il était arrivé à cette destination, ni de l'itinéraire suivi. D'une certaine manière, expliqua-t-il, Fulcanelli l'avait plongé dans une semi-transe.

Ci-dessus, un tableau emblématique du seizième siècle, figurant dans le manuscrit alchimique intitulé Splendor Solis. *Le personnage barbu plongé dans le chaudron symbolise la Première Matière, une substance sans valeur dont on extrait la Pierre Philosophale, et qui est ici soumise à la Calcination sous l'effet d'une influence spirituelle. Ci-dessous, l'une des sculptures de ce que l'on appelle parfois le « porche des alchimistes » de la cathédrale d'Amiens. Selon le mystérieux Fulcanelli – qui était probablement l'artiste J.-J. Champagne – ces représentations ont une importante signification ésotérique.*

Avertissement contre la bombe

Un autre homme aurait rencontré Fulcanelli : M. Jacques Bergier, auteur du *Matin des Magiciens*, un best-seller en France dans les années 1950. Par certains aspects, le récit de M. Bergier est le plus remarquable de tous, car Fulcanelli l'aurait averti des dangers de l'énergie atomique en 1937, *huit ans avant que la bombe atomique ne soit lâchée sur Hiroshima.* L'avertissement de Fulcanelli semble avoir été très précis : une radio-activité créée artificiellement risquait, selon lui, d'empoisonner toute la planète très rapidement.

Fulcanelli lança-t-il vraiment cet avertissement à M. Bergier en 1937 ? Transporta-t-il M. Heym jusqu'à un château en Espagne ? Possède-t-il la jeunesse éternelle ? Peut-il transformer un métal de base en or pur ?

Ou bien ceux qui ont rencontré Fulcanelli au fil des années étaient-ils des mystificateurs ou les victimes de mystificateurs ?

La fiction et le serpent de feu

Aleister Crowley, « la Bête 666 », fut l'un des quelques magiciens rituels qui transmirent des connaissances interdites grâce à un déguisement.

LES ANCIENS D'ELDRITCH

La couverture d'un numéro du magazine Contes Étranges, *contenant une histoire de H.P. Lovecraft, inventeur du « Chthulu Mythos », une révision des mythes archétypiques concernant la déchéance de Lucifer et de ses anges.*

Tout auteur de fiction qui répète sans cesse les mêmes adjectifs est généralement un écrivain médiocre.

Cela ne s'appliquait pas à H.P. Lovecraft (1890-1937), l'un des écrivains les plus qualifiés et les plus inventifs de fiction étrange de notre siècle, malgré son goût excessif pour certains mots comme « eldritch », signifiant « mystérieux » et « rugose », qui semble très curieux, mais signifie simplement « froissé ».

Lovecraft semble avoir été très sceptique quant à l'occulte et à la magie noire, mais cela ne l'empêcha pas d'utiliser le surnaturel comme cadre pour ses romans et ses nouvelles. Cela n'a pas non plus empêché bon nombre des étudiants actuels des connaissances interdites de le considérer comme l'un des leurs ou, au moins, comme un homme qui, par le rêve et l'intuition, était parvenu à une compréhension instinctive de la vérité occulte.

C'est ainsi que le dirigeant de l'un des groupes dont était issu l'OTO (voir page 140) affirmait que les êtres extra-dimensionnels dont parlait Lovecraft en les appelant « Les Dieux Anciens » et « Les Anciens des Ténèbres » pouvaient s'identifier à des divinités ainti-chrétiennes dont Aiwass (voir page 19) était le messager. De même, un autre cultiste informa le présent auteur du fait que le *Necronomicon*, un texte totalement imaginaire inventé par Lovecraft dans un but littéraire, avait vraiment existé : le *Necronomicon*, disait-il, était le nom de code d'un livre publié en 1659, *Une Vraie et Fidèle Relation...*

Occultiste ou agnostique ?

Ceux qui veulent croire ce genre de choses sont, bien sûr, libres de le faire. Il est possible, même si c'est très peu probable, que Lovecraft ait, à l'insu de sa famille et de ses amis, pratiqué des activités occultes – mais aucun de ses biographes n'a jamais trouvé de preuve permettant de croire que Lovecraft ait été autre chose qu'un agnostique plutôt vieux jeu.

Il existe pourtant une étrange relation entre les histoires de Lovecraft et l'idéologie du satanisme et de la magie noire et, assez curieusement, ses origines se trouvent probablement dans les enseignements religieux qu'il reçut pendant son enfance.

Des êtres malins

La mythologie imaginaire, ou « Chthulu mythos » que Lovecraft utilisait comme cadre pour la plupart de ses œuvres, pose l'existence d'êtres d'une force et d'une malignité terribles : les Anciens des Ténèbres, ou Dieux Anciens, très hostiles à l'humanité, qui souhaitent acquérir le contrôle de la terre et de ses habitants. Ces Anciens ont des alliés parmi les humains, des hommes et des femmes qui participent à d'étranges cultes de vénération de ces créatures étrangères et cherchent à ouvrir des portes entre leur univers et le nôtre.

Si la terminologie est nouvelle, le mythos est ancien. Car le concept exprimé par Lovecraft de Dieux Anciens, de créatures des ténèbres qui cherchent d'abord à dominer, puis à détruire l'humanité, est sur le fond identique au concept chrétien de l'existence des anges déchus – les citoyens de l'enfer – dont le seul désir est de corrompre et de damner l'âme de chaque être humain.

Quant aux alliés humains des Anciens, ils correspondent aux personnes qui s'allient à Satan.

Lovecraft semble avoir eu très peu de connaissances concernant la magie noire et s'en être fort peu soucié. On ne peut en dire autant de certains auteurs de fiction surnaturelle.

Ci-dessus, une autre couverture de Weird Tales *(Histoires Étranges) ; ce numéro contient des histoires signées August Derleth et Robert Bloch, auteur de* Psychose. *Ci-dessus à gauche, un tableau de 1984 signé Gordon Wain, censé lier les images terrestres et astrales.*

LA MESSE DU TAUREAU

Aleister Crowley (voir page 16) écrivit et publia deux romans, tous deux concernant dans une certaine mesure son propre système occulte, qu'il appelait « Magick ». Le premier, *Journal d'un Démon de la Drogue*, fut attaqué par le journal *Sunday Express*, comme une apologie de la drogue et s'attira une grande hostilité. Le deuxième, *L'Enfant de la Lune*, qui ne fut publié qu'en 1929 bien qu'il ait été écrit pendant la Première Guerre mondiale, n'attira absolument pas l'attention. C'était dommage, car *L'enfant de la Lune* est l'un des rares romans consacrés à la magie noire et aux sujets voisins et écrit par un occultiste pratiquant.

Magie/« Magick »

L'enfant de la Lune est plein de magie et de « Magick » (voir page 16). Il contient également certains portraits extrêmement diffamatoires d'occultistes que Crowley connaissait et détestait. C'est ainsi qu'A.E. Waite (voir page 10) y devient « Arthwait », un magicien noir pédant dont les sorts sont complètement inefficaces ou se retournent contre lui. De même, W.B. Yeats (voir page 108) devient « Gates », un poète miteux et sans gloire qui ne se nettoie jamais les ongles. Quant à MacGregor Mathers (voir page 104), il fut transformé en « Douglas », un frère noir de la teinte la plus sombre.

Il y avait quelque chose d'ironique dans cette dernière identification, car Crowley avait lui-même tenté une opération de magie noire : l'invocation de Belzebuth, Seigneur des Mouches, dans une tentative de détruire Mathers.

Littérature diffamatoire

C'est peut-être une justice poétique que Crowley, qui aimait tant diffamer les autres, ait été lui-même attaqué dans un roman occulte, *Le Taureau Ailé*, écrit par une magicienne rivale, Dion Fortune (1891-1946). On peut comprendre l'antipathie de Dion Fortune à l'égard de Crowley, dont elle admirait les capacités occultes autant qu'elle déplorait la morale, si l'histoire racontée par un ex-disciple de Crowley à l'auteur présent est vraie. Selon cet ex-disciple, le frère aîné du romancier Henry Green, Dion Fortune demanda à Crowley un conseil quant à la façon dont elle devait se préparer à « l'invocation d'une apparition visible » d'un esprit mercurial appelé Taphthartharath. Crowley lui conseilla d'arrêter toutes les horloges et les montres chez elle et de manger pendant huit jours de la morue bouillie dans du vin blanc doux. Elle obéit, et cela lui valut une série de troubles gastriques très déplaisants.

Le Taureau, représenté ici sur le sol de la Bibliothèque du Congrès, à Washington. Dion Fortune considérait le Taureau comme un emblème symbolique de la libido masculine.

Le conseil de Crowley – s'il fut jamais donné – était totalement en accord avec les préceptes de la magie rituelle tels qu'ils lui avaient été enseignés. Car Taphthartharath est un esprit du dieu classique Mercure, l'ennemi du temps (régi par Saturne) et pour qui le poisson et le vin blanc sont sacrés.

Le thème du *Taureau Ailé* est la magie sexuelle. L'être malin inspiré par Crowley désire célébrer la Messe du Taureau – l'élégante expression trouvée par Dion Fortune pour qualifier une opération occulte similaire sur le fond à celles qu'employaient les tantriques gauchers (voir page 76). Il est cependant contré par le héros, qui sauve l'héroïne de l'empire du malin et célèbre avec elle la « Messe du Taureau Ailé ». Aucun détail n'est donné quant à la nature de ce rite, mais il apparaît au lecteur informé qu'il s'agit d'une opération concernant une relation homme/femme en tant que l'un des aspects de la réalité cosmique – peut-être un exercice tantrique comportant un « acte sexuel mental » et non réel.

Ci-dessus et à gauche, deux représentations d'Hermès (ou Mercure), portant le bâton ailé appelé Caducée, autour duquel s'enroule un serpent. Hermès était considéré comme le messager des dieux, un guérisseur, un psychopompe (ou guide de l'âme), et comme le Seigneur des Arts Magiques. En tant que tel, son Caducée est toujours considéré comme très significatif par des magiciens actuels, qui le voient comme l'emblème d'une polarité cosmique entre l'actif et le passif, le positif et le négatif.

A droite, une gravure du siècle dernier représentant Apis, le Taureau Divin, et d'autres divinités égyptiennes. Ci-dessus, Mithras sacrifiant le taureau divin : un rite interprété par certains comme appartenant à la magie tantrique.

LES CONNAISSANCES DE KHEM

Le *Taureau Ailé* de Dion Fortune (voir page 130) concerne, comme beaucoup d'œuvres de fiction occulte, les aspects non physiques des relations sexuelles entre hommes et femmes. Comme la plupart des occultistes blancs de son époque, elle désapprouvait les relations sexuelles sans importance et dont les motifs étaient purement hédonistes – autrement dit, le plaisir mutuel de l'orgasme. Son approche solennelle des « désirs » physiques parfaitement naturels est implicite dans toutes ses œuvres de fiction et devient tout à fait explicite dans sa *Philosophie Esotérique de l'Amour et du Mariage*, un ouvrage publié pour la première fois dans les années 1920 et que l'on trouve encore aujourd'hui.

S'il faut en croire les affirmations faites dans ce livre concernant la base des initiations supposées et des explorations psychiques de Dion Fortune, il est difficile d'imaginer pourquoi les êtres humains sont dotés d'organes génitaux. Il semblerait que tout ce qui est important dans une relation sexuelle se déroule au-delà du monde de la matière, sur le « plan éthéré », le « plan astral », etc. L'auteur présent ignore si c'est ou non le cas, mais une chose apparaît nettement : dans la *Philosophie Esotérique...* comme dans ses ouvrages de fiction, Dion Fortune traitait des aspects sexuels des connaissances interdites en négligeant leurs implications et leurs manifestations physiques. Autrement dit, elle était consciente de l'existence des « Dieux des Ténèbres » de D.H. Lawrence (voir page 8), mais elle essaya de les émasculer, de les couper du monde de la matière.

C'était dans une certaine mesure inévitable, car elle était une femme de son temps. L'auteur présent pense qu'elle était très consciente de la nature de la magie de la polarité, mais psychologiquement incapable de l'exprimer.

Symbolisme traditionnel

Tout d'abord, il ne fait aucun doute que Dion Fortune connaissait parfaitement le symbolisme traditionnel utilisé par Crowley pour exprimer sa propre version du tantrisme gaucher. C'est ainsi qu'elle savait sans doute parfaitement de quoi Crowley parlait dans le 69e poème – le nombre est significatif, de même que son titre : *Comment réussir* – extrait du *Liber 333.* Cela concerne apparemment les triangles entrecroisés du « Sceau de Salomon », également appelé « Étoile de David », le symbole qui figure sur le drapeau d'Israël. En réalité, il y est question d'une activité sexuelle particulière employée dans certains procédés tantriques.

Ci-dessus, à gauche, un Élément de Feu représenté par A.O. Spare, ancien disciple de Crowley qui développa sa propre forme de magie sexuelle comprenant une copulation imaginaire avec les éléments et des êtres n'existant que sur le plan astral. Spare était un artiste renommé, mais il admirait Lucifer, ci-dessus.

Les manuscrits tantriques

Par ailleurs, Dion Fortune connaissait deux hommes très familiarisés avec le tantrisme bouddhiste. L'un d'eux est plus significatif que l'autre – un homme que j'appellerai « HI ». HI est mort dans la pauvreté il y a quelques années. Quand Dion Fortune fit sa connaissance dans les années 1930, il disposait cependant d'une certaine richesse, possédant une collection de traités tantriques manuscrits comportant de nombreuses et spécifiques illustrations *yab-yum* (voir page 93).

Il est pratiquement certain que HI pratiqua le tantrisme gaucher autant qu'il l'étudia : des preuves existent selon lesquelles il aurait tenté de convaincre une jeune fille, aujourd'hui célèbre auteur de poèmes, à participer à ce genre d'activités. Il est peu probable que Dion Fortune ait complètement ignoré les rapports de HI avec le tantrisme gaucher.

Enfin, Dion Fortune connaissait bien les implications tantriques des « connaissances de Khem ».

Ci-dessous : l'Arbre de Vie cabalistique, une représentation schématique d'un système philosophique émanationiste qui a profondément influencé tous ceux qui étudient la magie rituelle dans sa tradition occidentale.

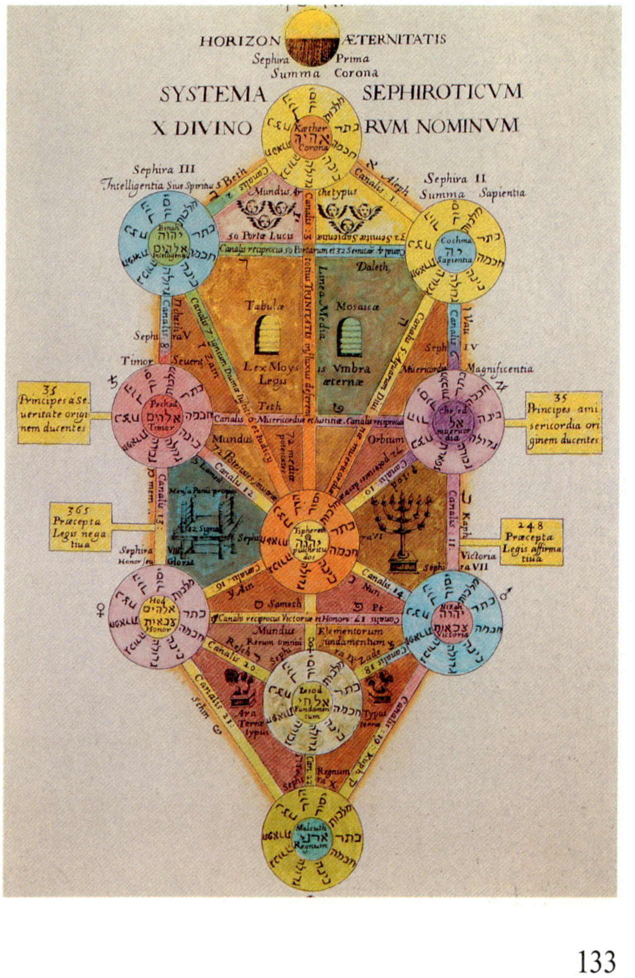

LE CULTE DU SANG

Dion Fortune s'intéressait moins au vampirisme – le culte de l'absorption de sang dans des buts magiques – qu'à la magie de la polarité – le tantrisme occidental modifié – qui constituait le véritable thème du *Taureau Ailé* (voir page 130) et de trois de ses romans occultes. Elle s'y intéressait cependant assez pour en faire le sujet d'une nouvelle d'abord publiée dans le *Royal Magazine* et, par la suite, incluse dans une collection, *les Secrets du Docteur Taverner*, traitant des activités d'un enquêteur psychique dans la lignée du John Silence d'Algernon Blackwood et du Martin Hesselius de Sheridan Le Fanu.

Le vampirisme

Elle reprit le thème du vampirisme dans son premier roman *La Maîtresse du Démon*, dont le héros se transforme en vampire et est finalement racheté non pas, comme on pourrait s'y attendre, par une lance acérée plantée dans son cœur, mais par ce personnage classique de la fiction romantique, une femme très bonne et capable d'un amour altruiste.

Dans la nouvelle comme dans le roman, elle fit preuve d'une répugnance à aborder les aspects purement physiques du vampirisme du folklore – l'absorption de sang. Elle préférait adopter un concept éthéré du vampire et de ses mobiles ; pour elle, le vampire était un être humain, vivant, soit dans le monde physique, soit sur le « plan astral », qui extrayait sa force vitale, son « énergie éthérée », d'autres êtres humains. Elle considérait le vampi-

Ci-dessous, une photo extraite du film allemand muet Nosferatu, *montrant Dracula partant pour l'Angleterre. Le film était fondé sur le roman de Soker,* Dracula, *mais, pour des raisons de droits d'auteur, le studio qui le réalisa refusa de l'admettre : c'est ainsi que «Dracula» devint «Nosferatu». A gauche, Le Vampire, un tableau d'Edward Munch (1863-1944).*

risme comme une activité psychique essentielle. Autrement dit, de même qu'elle faisait passer l'objet du tantrisme sexuel des organes génitaux vers les sentiments, elle déplaçait le but du vampirisme du système circulatoire vers des énergies psychiques subtiles qui, pensait-elle, seraient sous-jacentes dans le corps humain.

Cette version épurée et améliorée du folklore du vampirisme n'était pas née de son propre esprit inventif. Elle la tenait de ses professeurs, notamment de l'occultiste écossais J.W. Brodie Innes, qui avait été l'associé d'un certain Dr Berridge, un médecin homéopathe qui laissa une description écrite d'un vampire qu'il aurait rencontré dans les années 1890.

Berridge décrivit le vampire en question comme un «vieux gentleman agité et ennuyeux», dont la compagnie et la conversation laissèrent le médecin fatigué et sans énergie : comme il le déclara lui-même, il avait «servi de proie», et le vieux gentleman ennuyeux était un «vampire inconscient». Il apparaît au présent auteur que le diagnostic de Berridge était trop hatif ; lui-même s'est en effet senti vidé d'énergie par la compagnie et la conversation d'individus aussi divers que des missionnaires Mormons et des enthousiastes de l'informatique, sans pour autant en tirer la conclusion qu'ils étaient des vampires.

Une représentation cinématographique du vampire Dracula, datant de 1979. Certains étudiants des connaissances interdites du vingtième siècle ont adopté une interprétation sexuelle du vampirisme, et Aleister Crowley utilisait le terme de la magie sexuelle comportant la fellation.

L'énergie sexuelle

Une chose est cependant très significative dans la description faite par Berridge de ce vieux vampire ; il écrivit en effet que cet homme prévoyait d'épouser une jeune fille afin de «récupérer sa vitalité épuisée». De toute évidence, il laissait ainsi entendre que l'énergie que les vampires extraient de leurs victimes serait de nature sexuelle – que le vampirisme serait donc lié d'une certaine manière aux procédés tantriques concernant les initiés du Culte du Serpent Noir (voir page 98). Berridge était très familiarisé avec ces problèmes, étant lui-même un admirateur de Thomas Lee Harris, ancien prêcheur devenu cultiste du sexe et dont les enseignements avaient des implications tantriques, même s'il est probable qu'il développa ces enseignements à l'écart de toute influence orientale.

Pour Berridge comme pour Dion Fortune, le vampirisme concernait la manipulation de la force vitale.

LA CREATION DE LA VIE

La structure théorique qui se trouve à la base de tout l'occultisme actuel, depuis le culte américain I AM (fondé en 1934 par un certain Guy Ballard à la suite de sa rencontre avec un « Haut Maître » sur le Mont Shasta, au nord de la Californie – voir page 110) jusqu'à la magie noire ou blanche, est souvent exprimée avec une complexité inutile mais elle est, sur le fond, assez simple.

Elle pose simplement que le monde matériel, l'univers dans lequel nous vivons, ne constitue qu'une petite partie de la réalité totale. Au-delà de la solidité des choses que la plupart d'entre nous considèrent comme acquises, au-delà même des champs énergétiques et des particules sub-atomiques auxquelles les équations mathématiques réduisent cette solidité apparente, existent d'autres énergies, d'autres modes d'existence, qui sont, par définition, inaccessibles à la perception humaine.

Les quatre énergies

Il existe différents systèmes de classement de ces modes d'existence supposés et des énergies qu'ils contiennent. Le plus simple les divise en quatre.

Il y a tout d'abord le monde physique, celui de la matière et des énergies qui intéresse les physiciens.

Ensuite, il y a le monde éthéré – un terme inapproprié car il fait penser à l'éther dont parlaient les physiciens du siècle dernier – le monde des systèmes d'énergie subtils qui sont, pour ainsi dire, les calques des formes physiques adoptées par la matière vivante, aussi bien les choux que les hommes et les femmes.

Vient ensuite le monde astral, le monde des forces qui se trouvent derrière les corps éthérés des animaux et des hommes.

Et, enfin, il y a le monde de l'esprit pur.

L'aura humaine, identifiée par de nombreux occultistes avec le corps astral (étoilé). Le terme « corps astral » fut inventé par Paracelsus, qui pensait qu'à travers lui les planètes influençaient le corps physique.

Les énergies dont Dion Fortune et le Dr Berridge pensaient que les vampires les extrayaient de leurs victimes appartiennent aux mondes éthéré et astral. Ceux-ci sont liés à ce que certains psychologues appellent la libido – les énergies psychiques qui trouvent généralement leur dérivatif dans la sexualité physique mais qui pourraient, dit-on, être canalisées vers d'autres voies. Autrement dit, la libido peut s'exprimer de façon habituelle – l'activité sexuelle qui, en de bonnes circonstances, aboutit à la création d'une nouvelle vie. Mais elle peut aussi s'exprimer par d'autres types de création : éventuellement une activité artistique ou, comme l'affirment les magiciens, la production « d'éléments artificiels » et d'autres formes de vie astrale ou éthérée.

Selon les théories, de nombreux occultistes actuels qui s'intéressent aux techniques de la magie rituelle, noire et blanche, les énergies éthérées et astrales utilisées dans ce dernier type de création – les mêmes énergies dont Dion Fortune pensait qu'elles étaient extraites par les vampires à leurs victimes – sont très concentrées dans, ou associées avec, le sang et les secrétions sexuelles des hommes et des femmes.

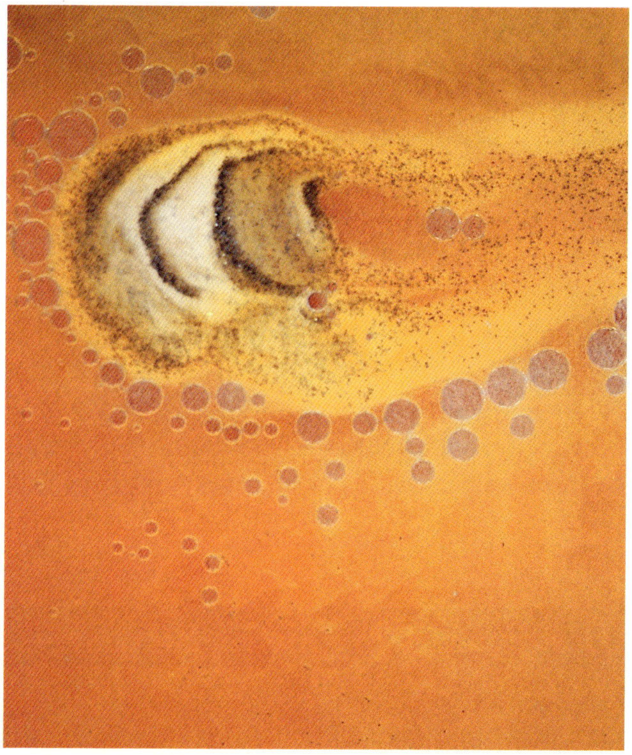

Une tentative d'utilisation des couleurs pour représenter l'essence des mondes non physiques de la réalité astrale.

Le corps astral représenté ici se détachant du corps physique au moment du sommeil. Selon Dion Fortune et ses professeurs, certaines personnes seraient des vampires astraux inconscients, qui se déplaceraient pendant leur sommeil et voleraient de l'énergie psychique aux autres.

Travaux astraux

On peut supposer que c'est la raison pour laquelle le groupe de sorciers irlandais avec lesquels W.B. Yeats fut associé à une époque (voir page 108) utilisaient un récipient plein de sang pour pratiquer leurs rites. C'est également pour cela que certains magiciens blancs actuels croient qu'une période d'abstinence sexuelle constitue un préliminaire nécessaire à la réussite d'une cérémonie occulte : ils pensent qu'ils doivent conserver les énergies associées aux sécrétions sexuelles pour pouvoir les canaliser vers des « travaux astraux ».

Les énergies subtiles qui seraient associées au sang et aux autres sécrétions corporelles sont considérées comme très puissantes. Certains ont même affirmé qu'elles peuvent transformer instantanément des êtres humains en torches vivantes.

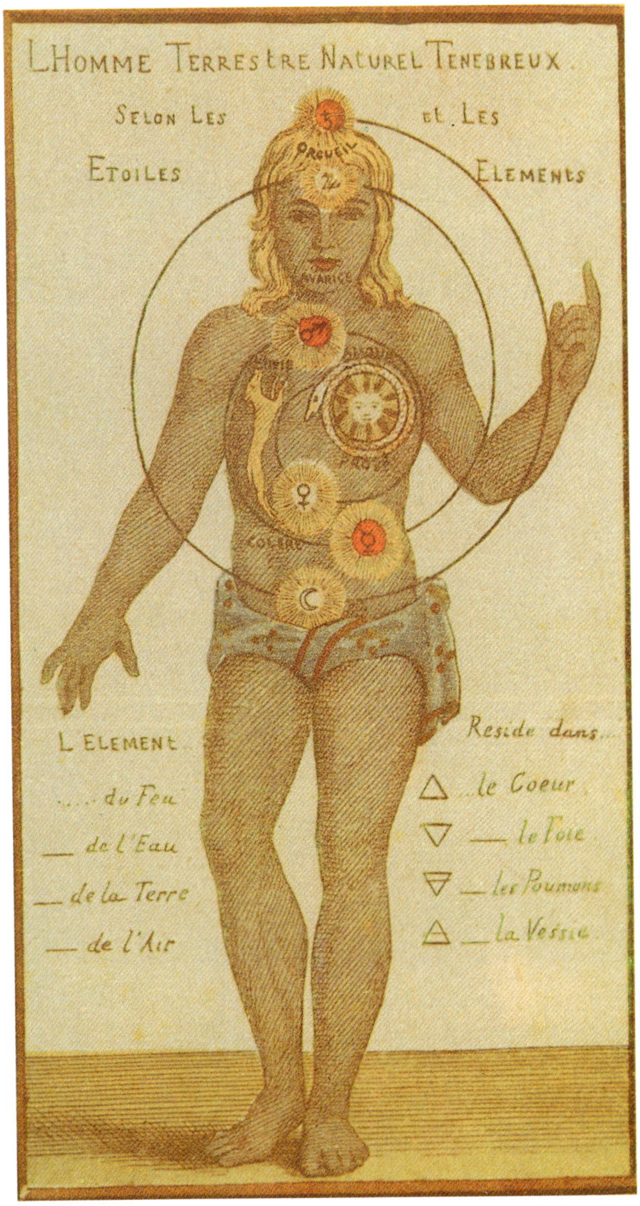

Les centres psychiques du corps humain, représentés par le théosophe allemand du septième siècle, Gichtel. Ces centres, appelés « étoiles élémentaires », peuvent être liés aux chakras tantriques.

L'APPARITION DE LUCIFER

L'idée selon laquelle des êtres humains pourraient spontanément se transformer en torches vivantes est une notion très étrange, rejetée par les scientifiques. Ces mêmes scientifiques ont pourtant connaissance d'un certain nombre de cas dans lesquels des corps d'hommes et de femmes ont été retrouvés brûlés et presque réduits en cendres par une chaleur intense, bien que leur environnement immédiat n'ait pratiquement pas été endommagé.

Combustion humaine spontanée

On retrouve des récits d'incidents de ce genre qui remontent jusqu'au dix-huitième siècle, et ils ont convaincu un nombre étonnant de ceux qui les ont examinés du fait qu'il existe des cas authentiques de combustion humaine spontanée. C'est notamment le cas du romancier du dix-neuvième siècle, Charles Dickens, qui termina la vie de l'un des personnages de *La Maison Déserte* en le faisant brûler spontanément parce que ses tissus étaient saturés par l'alcool.

L'écrivain australien Furze Morrish écrivit lui aussi un roman dans lequel les arts magiques étaient employés pour détruire un certain nombre de personnes par une sorte de combustion spontanée. Moorish reliait ce procédé occulte aux mystérieuses énergies du Kundalini, un autre nom pour le « Serpent de Feu » du Culte du Serpent Noir de Michael Bertiaux (voir page 98).

On discute encore sur le fait de savoir si l'utilisation de procédés ésotériques comprenant l'invocation du Kundalini pouvait vraiment faire flamber spontanément les magiciens imprudents ou leurs victimes. Les adeptes tantriques penseraient sans doute que c'est possible, car ils attribuent un certain nombre de pouvoirs étonnants à ceux qui auraient réussi dans cette entreprise.

Kundalini est considéré comme un aspect de Shakti, la Grande Mère (voir page 77), qui existe sous forme d'une source d'énergie, symbolisée par un serpent endormi, dans chaque être humain. Elle se situe non pas dans le corps physique, mais dans les « corps » subtils éthéré et astral (voir page 136), en un point correspondant plus ou moins à la base de la colonne vertébrale. La situation du serpent endormi indique que ses énergies sont liées à la sexualité et à la libido qui l'inspire, et c'est en effet le cas.

Des pouvoirs psychiques énergisants

Les adeptes du Yoga de Kundalini, souvent des tantriques droitiers, utilisent divers exercices spirituels dans le but de réveiller le serpent assoupi et de le faire monter à travers les centres psychiques successifs dans le corps, répandant ainsi son énergie.

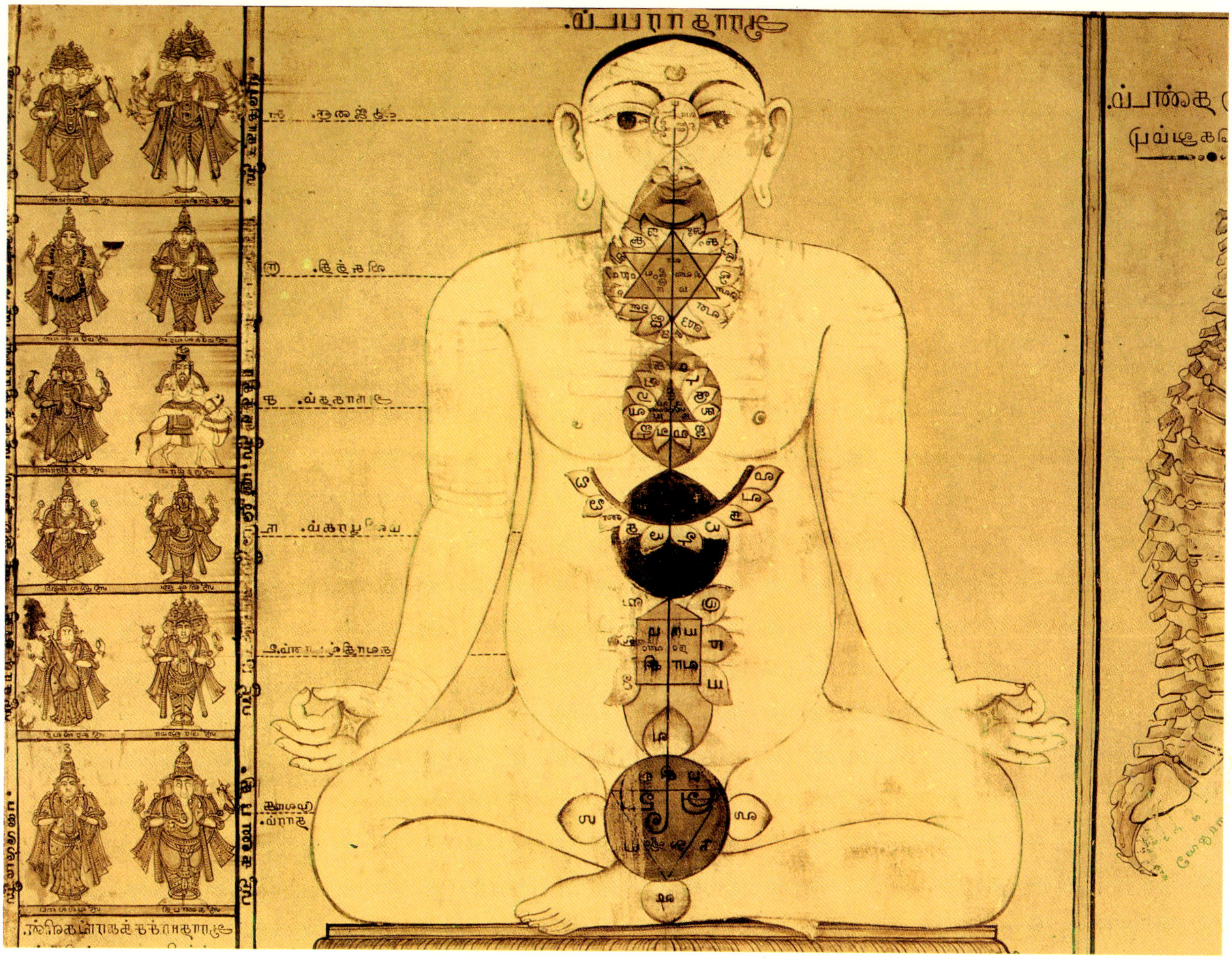

Une représentation des sept centres psychiques, ou chakras, situés au centre des théories tantriques qui s'expriment par des techniques de méditation destinées à réveiller le serpent assoupi du Kundalini. Ce serpent-dragon est réveillé de son sommeil au niveau de la chakra liée à la base de la colonne vertébrale dans le corps physique, puis sa tête s'élève jusqu'à la chakra Sahasrara, qui se trouve au-dessus de la tête. On dit que ce procédé confère des pouvoirs supra-normaux, mais qu'il peut aussi *provoquer une combustion spontanée.*

L'énergisation de ces centres confère des pouvoirs remarquables à l'adepte. C'est ainsi qu'un centre particulier, une fois énergisé, apporte une connaissance de la magie rituelle et des secrets de l'alchimie. Un autre, l'*Anahata chakra*, confère de nombreux pouvoirs supra-normaux, notamment la clairvoyance, le don d'invisibilité et, selon un texte tantrique, l'aptitude à prendre l'aspect d'autres hommes et, sous cette forme, « de profiter de leurs femmes ». Si c'est vraiment le cas, le réveil du Kundalini peut impliquer une sorte de magie noire : du point de vue chrétien, le serpent qui se réveille est Lucifer, le prince de l'enfer.

Le yogi tantrique tibétain Naropa, qui vécut au douzième siècle, enseignait une technique plus ou moins similaire, censée apporter d'étonnants pouvoirs psychiques. L'un d'entre eux – « le yoga du feu corporel » – permettrait à ses adeptes de rester assis dans les neiges du Tibet, enveloppés de draps humides, mais en se sentant néanmoins au chaud.

S'ils se laissaient emporter, ils pouvaient, je suppose, aller jusqu'à flamber.

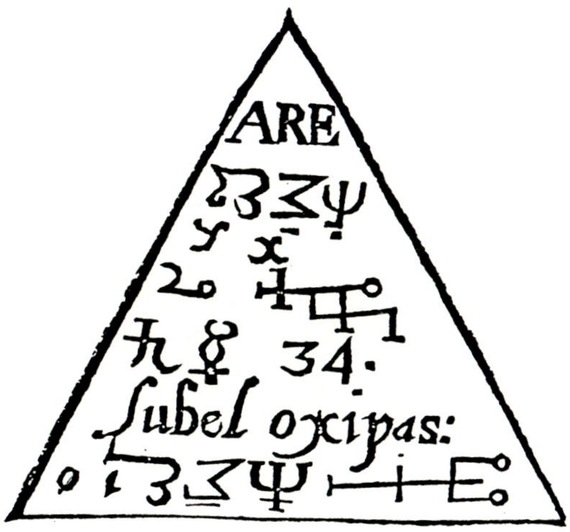

Les cultes secrets aujourd'hui

Dans les années 1990, des magiciens, des alchimistes, des tantriques gauchers et des initiés de cultes sexuels obscurs et dangereux continuent à rechercher les connaissances interdites.

LES ENFANTS DE BAPHOMET

Aleister Crowley (voir pages 16 à 21) est mort en 1947. Ses obsèques suscitèrent un certain nombre de commentaires. D'anciennes histoires, la plupart de nature scandaleuse, furent déterrées et racontées par la presse populaire. A Hastings, un conseiller local répondit aux suggestions selon lesquelles une messe noire aurait été célébrée dans la chapelle du crématorium en promettant « qu'une telle chose ne se reproduirait jamais ».

L'ordre des Templiers d'Orient

Il est presque inutile de préciser que le service qui avait été célébré n'était pas une messe noire. Simplement, le romancier Louis Wilkinson avait lu à haute voix certains poèmes de Crowley et les Recueils pour la « Messe Gnostique » que Crowley avait écrits pour une société occulte appelée *l'Ordo Templi Orientis* – l'Ordre des Templiers d'Orient, généralement appelé OTO.

L'OTO ne fut pas fondé par Crowley qui se contenta de le rejoindre en 1912, devenant le chef de sa section britannique, la *Mysteria Mystica Maxima* et adoptant le nom de Baphomet.

Baphomet était le nom d'une divinité antéchrist que les Chevaliers Templiers d'origine (un ordre dissous au quatorzième siècle car ses membres auraient pratiqué l'hérésie, la sodomie, le blasphème et l'adoration du diable) auraient adoré lors de leurs conclaves secrets. En adoptant ce nom, Crowley s'identifiait avec une tradition secrète qui, que ses racines se trouvent ou non chez les Templiers d'origine, était certainement un antéchrist et appartenait peut-être à un domaine des connaissances interdites lié à la sorcellerie et à la magie noire.

L'OTO se divisa en un certain nombre de factions concurrentes bien longtemps avant la mort de Crowley et, par la suite, d'autres divisions se produisirent. Cela a créé une situation à la fois confuse et nébuleuse, plusieurs groupes se réclamant de l'OTO originel.

La plupart d'entre eux, mais pas tous, ont suivi les enseignements de Crowley : ils pensent que le *Livre de la Loi* (voir page 20) est une révélation authentique, et pratiquent la « Magick » de Crowley. Il existe aussi un certain nombre d'autres groupes qui se désignent comme le « véritable OTO », mais adhèrent à ce qu'on appelle la philosophie de Crowley. Leurs membres, comme ceux des groupes rivaux se réclamant de l'OTO, peuvent être considérés comme les « enfants de Baphomet », les héritiers spirituels de Crowley.

Une représentation des Chevaliers Templiers sur le bûcher, dont certains membres des OTO se réclament comme les successeurs.

Les Templiers étaient accusés de vénérer un être mystérieux appelé Baphomet. Crowley s'identifia à Baphomet et dessina ce sceau pour symboliser ses attributs de Tête Extérieure de l'OTO, l'Ordre des Templiers de l'Orient, ou, en Latin, Ordo Templis Orientis.

Ils sont étonnamment nombreux et existent dans le monde entier, parfois à des endroits assez surprenants. C'est ainsi qu'il n'existe pas seulement un OTO britannique et un OTO américain, mais aussi un OTO japonais dont les activités ont suscité assez d'intérêt pour Crowley pour qu'une importante maison d'édition japonaise publie une traduction de plusieurs volumes de ses écrits occultes.

Croyances sataniques

Il est très difficile de généraliser quant à la nature des activités des différents groupes que je viens d'appeler les Enfants de Baphomet. Tous vénèrent les écrits de leur Maître défunt et étudient non seulement ses ouvrages occultes facilement accessibles, comme la *Magick* et les *Confessions*, mais aussi des traités obscurs et compliqués sur les techniques occultes comme *De Arte Magica* et *Liber Agapé*, qui concernent tous deux la magie sexuelle. De même, tous partagent des convictions religieuses. Il existe cependant de nombreuses différences de *pratiques* entre ces groupes. A un extrême on trouve ceux qui utilisent des drogues et s'adonnent à des perversions sexuelles ; à l'autre extrême, ceux dont les rites innocents peuvent être pratiqués en public.

Photographie d'une page du grimoire personnel d'un étudiant actuel des arts magiques. Elle illustre admirablement la démarche synthétique de nombreux occultistes contemporains, car elle associe les runes et la reproduction d'une ancienne représentation alchimique de la « Conjonction du Roi et de la Reine ».

LA MOELLE DU BATON

Comme nous l'avons décrit pages 122-123, certains mystiques ont, symboliquement au moins, usurpé la fonction Divine de création, et certains prétendus magiciens et alchimistes ont entrepris de créer la vie par des procédés sexuels qui sont, au mieux, stupides, et, au pire, pure magie noire.

De même, des expériences grossières d'alchimie mêlée de magie ont été effectuées dans le but de fabriquer des « élixirs de vie », de transformer des métaux de base en or, et même d'inciter un « esprit des planètes » à s'incarner dans un embryon humain particulier.

D'étranges transactions

En Autriche au dix-huitième siècle, un groupe d'alchimistes indépendants, se livraient à d'étranges activités comprenant la manipulation de sueur, de sperme et d'autres sécrétions corporelles. L'un des principaux membres de ce groupe était un officier de l'armée qui se procurait de grandes quantités de sperme en payant les hommes qui étaient sous ses ordres pour qu'ils se masturbent et lui fournissent le résultat de leurs activités.

Ces étranges transactions sont apparues en pleine lumière quand le médecin du régiment raconta que les hommes qui le consultaient étaient très affaiblis, même proches de la mort, car leurs réserves d'énergie physique avaient été épuisées par une pratique constante de la masturbation.

Une histoire bien documentée, mais peu probable : une activité sexuelle excessive peut en effet aboutir à l'impuissance, mais pas à la maladie. Néanmoins, la superstition selon laquelle la masturbation peut se poursuivre jusqu'à l'épuisement physique, voire même jusqu'à la mort, est reflétée dans le chapitre intitulé *De l'Erotose Como-Lucidité* Il y est affirmé que celui qui persiste dans cette activité atteindra tout d'abord une compréhension claire de la véritable nature de l'existence et, finalement, « la mort du juste ».

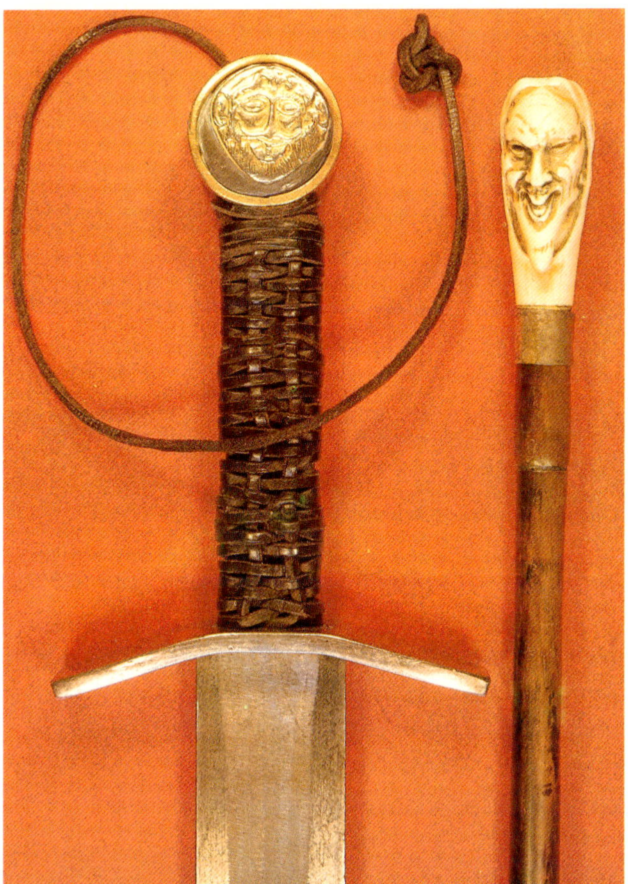

Ci-dessus, une épée et un bâton utilisés dans les rites d'un groupe de sorcellerie contemporain. On dit que ces objets furent conçus en accord avec les principes établis par Aleister Crowley, mais cela n'est pas évident à leur aspect. A droite, la Roue d'Ezechiel dessinée par Eliphas Levi ; les quatre créatures représentées — lion, aigle, homme et bœuf — symboliseraient la magie élémentaire.

Mort accidentelle ?

Il est peu probable que l'un des Enfants de Baphomet ait pu mourir en suivant ce conseil, mais certains sont morts dans des circonstances étranges.

C'est ainsi que Jack Parsons, un physicien très doué, qui dirigea dans les années 1940 une loge de l'Ordre des Templiers de l'Orient en Californie, mourut en 1952 en laissant tomber un flacon de fulminate de mercure très explosif dans son garage.

Avant cet événement, il s'était livré pendant quelques années à une série de rites magiques très étranges, dont certains comprenaient la sexualité physique, culminant en une tentative d'inciter « BABALON », le complément féminin de la « BETE » (voir page 95) à s'incarner dans un embryon humain. Ces rites, qui comportaient des excentricités comme l'utilisation de la « Moelle du Bâton », — ce qui semble signifier ni plus ni moins que du sperme humain — ne produisirent pas de résultats spectaculaires, si ce n'est des changements extraordinaires dans la psychologie et le comportement de Parsons.

Il était le récipiendaire, ou se croyait récipiendaire, d'un quatrième chapitre du *Livre de la Loi* de Crowley ; il confia sans hésiter une importante somme d'argent à un escroc connu ; il changea légalement de nom, se faisant appeler Belarion Armilus Al Dajial Ante-Christ ; enfin, il manipula l'un des produits chimiques les plus explosifs avec une insouciance inexplicable.

Sa mort fut-elle un simple accident, une erreur due à l'excès de confiance ? Ou bien, doutant soudain de l'authenticité de ses expériences, laissa-t-il délibérément tomber le flacon ?

Une version moderne et colorée d'une gravure du dix-septième siècle représentant une sorcière debout dans un cercle protecteur, invoquant les démons pour les faire apparaître. Aujourd'hui encore, certains groupes de prétendus sorciers pratiquent des invocations similaires dans le but d'acquérir le pouvoir, la richesse et la satisfaction sexuelle.

LA FLECHE ET L'EPEE

Jeanne d'Arc, canonisée par le Pape il y a une soixantaine d'années, n'était-elle en réalité pas du tout une Chrétienne, mais la prêtresse d'une ancienne religion de fécondité ? St Thomas Becket, l'archevêque martyre sur la tombe duquel les pèlerins de Chaucers se recueillaient, fut-il un sacrifice humain au « dieu cornu » de ce culte étrange ? Et quand William Rufus, le fils de Guillaume le Conquérant et le successeur au trône d'Angleterre, utilisait son juron favori – « Par la Sainte Face de Lucca » – jurait-il en réalité par l'un de ces Dieux des Ténèbres (voir page 8) dont la « connaissance et la conversation » étaient recherchées par ceux qui étaient en quête des connaissances interdites ?

A première vue, ces questions peuvent sembler parfaitement absurdes ; pourtant, un certain nombre de gens, parmi eux au moins un professeur éminent, y ont répondu par un « oui » sans équivoque. Le professeur en question était le Dr Margaret Murray, une femme très petite, égyptologue, et dont les idées ont influencé un grand nombre des chercheurs actuels des connaissances cachées, surtout les pratiquants de la magie rituelle et les « sorciers » indépendants.

Le Dr Murray, développant les théories des écrivains antérieurs, notamment des auteurs du dix-neuvième siècle comme Karl Jarcke, Frank Mone et Thomas Wright, affirma que les récits des procès de sorcellerie en Europe entre 1450 et 1750 étaient fondés sur des faits. Les sorciers présumés, déclara-t-elle, étaient des membres d'un culte organisé qui n'était pas tant anti-chrétien que pré-chrétien, des pratiquants d'une « vieille religion » datant probablement de l'Age de Pierre.

Les anciens rites de fécondité

Les Sabbats des Sorciers, décrits dans leurs détails révoltants dans les ouvrages des chasseurs de sorcières de la Renaissance, étaient, selon le Dr Murray, des célébrations orgiaques des rites de cette religion de la fécondité. Quant à la créature cornue et velue qui, selon les aveux de beaucoup d'accusés de sorcellerie, se manifestait lors de ces réunions, il n'était pas, contrairement à ce que prétendait l'Église, Satan ni un de ses acolytes.

Il s'agissait du chef local de ce culte, vêtu d'une tenue de cérémonie comprenant des cornes, de vêtements en peaux d'animaux, et d'un pénis artificiel géant, utilisé dans différents types d'activité sexuelle qui faisaient eux-mêmes partie des rites de fécondité auxquels se livraient les participants du Sabbat.

Ci-dessus, une gravure du dix-huitième siècle qui représenterait des sorciers préparant un voyage au Sabbat. Il est difficile de comprendre pourquoi, car ils semblaient déjà être en compagnie d'êtres démoniaques. A droite, la statue de Ste Jeanne d'Arc à Caen. Jeanne d'Arc ne fut canonisée qu'au vingtième siècle. Auparavant, une odeur de soufre flottait autour de sa réputation, car Jeanne avait été brûlée pour sorcellerie par les alliés français des Anglais qui avaient envahi la France.

Les théories du Dr Murray attirèrent peu d'attention lors de leur première publication dans le journal *Folk-Lore*, mais, avec la parution de ses livres, *Le Culte des Sorcières en Europe Occidentale* et ses deux suites, *Le Dieu des Sorcières* et *Le Divin Roi en Angleterre*, ses idées furent acceptées et adoptées.

Cette acceptation ne se limita pas aux occultistes et aux autres personnes ayant une inclinaison pour les croyances de ce genre, comme Hugh Ross Williamson, dont l'ouvrage, *La Flèche et l'Épée* illustrait les extrêmes auxquels les disciples du Dr Murray étaient prêts à pousser leurs arguments. C'est ainsi qu'en 1962 un historien distingué, Sir Steven Runciman, manifesta son accord total avec les arguments du Dr Murray ; quelques années plus tard, un historien français tout aussi réputé, M. Le Roy Ladurie, exprima des idées très similaires dans son ouvrage, *Les Paysans du Languedoc*.

Des théories controversées

Au fil des années, on a parfois affirmé que le Dr Murray utilisait les preuves d'une façon très sélective et ne comprenait absolument pas la méthode historique. C'est ainsi que l'auteur grossier du livre *Il Camino del Serpente* suggéra qu'en tant qu'historienne elle était une bonne ramoneuse ; beaucoup plus important, le professeur Norman Cohn lui décocha des critiques acerbes dans son livre, *Les Démons Intérieurs de l'Europe*.

LA VERITE NUE

En 1954, Gerald Gardner, fonctionnaire colonial en retraite qui adhérait totalement aux théories de Margaret Murray (voir page 144) publia un livre intitulé *La Sorcellerie Aujourd'hui.* Cet ouvrage, édité par Rider sur les recommandations d'un ancien disciple d'Aleister Crowley (voir pages 16 à 21), connut un grand succès et, sous différents formats, il a été presque continuellement réimprimé depuis sa parution.

Assemblée de sorcières

Le Dr Gardner – les circonstances dans lesquelles il acquit ce titre sont entourées d'un certain mystère – affirmait que l'ancien culte de fécondité dont avait parlé Margaret Murray existait toujours, et qu'il avait été initié à ses secrets.

Le présent auteur a connaissance de certaines preuves datant d'*avant* la publication de *La Sorcellerie Aujourd'hui*, et transmises par un proche d'Aleister Crowley, indiquant que Gerald Gardner aurait été initié à une « assemblée de sorciers » vers la fin des années 1930. Cette assemblée se situait dans la région de New Forest, dans le sud de l'Angleterre, et ses dirigeants affirmaient qu'il s'agissait d'une authentique survivance de l'ancien culte de fécondité exposé par Margaret Murray.

C'était peut-être vrai, mais il serait malhonnête de cacher que c'est peu probable. Ce qui semble certain, en fonction de renseignements privés, c'est que ce groupe existait avant 1939 et qu'en 1940, quand les Allemands menacèrent d'envahir l'Angleterre, un rite, comportant quelque chose qui ressemblait beaucoup à un sacrifice humain, fut célébré pour tenter de repousser l'ennemi par la magie.

Le délicieux Oncle Jack, le plus piquant des dessinateurs londoniens – commente ici la pratique de la magie noire dans la grande banlieue de Londres. Il semblerait que les agents immobiliers ne soient pas acceptables pour l'initiation.

« C'est arrivé à mi-chemin de la cérémonie du serment qu'il a fallu que tu avoues que tu es agent immobilier ! »

*Ci-dessous, le frontispice d'un grimoire sorcier contemporain. Il semble avoir été inspiré par l'*Aradia *de C.G. Leland (1899), un livre évoquant les légendes de dualité que l'auteur affirmait tenir d'un adepte italien de « la vieille religion ». Il est douteux que cette personne ait jamais existé ailleurs que dans l'imagination de Leland, mais il est certain que l'*Aradia *influença les sorciers qui prétendirent avoir envoûté Adolf Hitler, à gauche.*

Repousser l'ennemi

Cette cérémonie se déroula par une nuit extrêmement froide de juin 1940 par l'assemblée qui se réunit, comme elle en avait l'habitude, en plein air et « vêtue de ciel » – autrement dit, les participants étaient nus à l'exception d'une couche de graisse isolante similaire à celle qu'emploient les nageurs de longues distances. Le membre le plus âgé de l'assemblée, de sa propre volonté, ne portait pas de graisse, et cela lui valut une infection de la poitrine qui s'acheva par une pneumonie fatale. La victime constituait un sacrifice au « dieu cornu » et à sa compagne, « la Grande Mère », et ces divinités acceptèrent de bonne grâce l'offrande qui leur était faite et incitèrent Hitler à annuler l'invasion prévue – c'est du moins ce que pensaient les dirigeants de l'assemblée.

Dans *La Sorcellerie Aujourd'hui*, Gardner affirmait qu'une cérémonie magique similaire avait eu lieu à l'époque des guerres napoléoniennes, que les sorciers anglais croyaient à la réincarnation et que la sorcellerie :

> *... est une religion d'amour, de plaisir et d'excitation... nous vénérons l'esprit divin de la Création... Pour nous, c'est le mystère le plus sacré et le plus saint... Ces rites sont accomplis de manière sainte et révérencieuse.*

Ces phrases prudentes furent considérées par beaucoup comme une indication que les sorciers avec qui Gerald Gardner était en contact pratiquaient un mystère ayant une teneur sexuelle. Il n'y a pas de raison d'en douter, car Gardner établit sans aucun doute une sorte de culte des sorciers sous sa propre direction, dont les rites comportaient des activités sexuelles légèrement perverses. C'est ainsi que les rites d'initiation des assemblées dirigées par Gardner comprenaient la nudité, de légères flagellations et, dans le cas d'une cérémonie particulière, une copulation symbolique ou réelle entre le prêtre et la prêtresse.

Ci-dessus, une tête de démon, datant probablement du siècle dernier, et utilisée en conjuration par un groupe actuel. A droite, une illustration extraite d'un grimoire personnel contemporain.

LE DIEU DANSEUR

Bon nombre de ceux qui furent initiés par Gerald Gardner dans la religion de fécondité prétendûment ancienne dont il était adepte étaient impatients de devenir des meneurs religieux euxmêmes. Se proclamant prêtres et prêtresses de « la vieille religion », ils initiaient d'autres membres qui, à leur tour, créaient des « assemblées », des « groupes » et des « temples » dont ils prenaient la tête.

Des cultes païens secrets

Par suite de toute cette activité, la variété Gardnerienne de sorcellerie connut une croissance impressionnante dans les années 1950 et 1960, atteignant rapidement les États-Unis et se propageant sous forme de toute une famille de cultes païens secrets. Peu d'entre eux ont survécu sous leur forme d'origine, mais ils ont donné naissance à un certain nombre de groupes qui pratiquent ce que certains considèrent comme une religion naturelle inoffensive et d'autres, en particulier les Chrétiens fondamentalistes, comme une sorte de magie noire.

Le texte inspirant la sorcellerie de Gardner – son propre *grimoire* (voir pages 104 à 115) – était, et est toujours, *Le Livre des Ombres*. Selon Gerald Gardner, qui faisait circuler des exemplaires manuscrits de ce livre parmi ses adeptes, *Le Livre des Ombres* fut rédigé à une époque où les sorciers étaient menacés de la potence et du bûcher.

Dans ce cas, il avait sans aucun doute subi une révision importante et inintelligente au cours de notre siècle. Car il contient des éléments tirés de l'*Aradia* de C.G. Leland, publié à la fin du siècle dernier, du *Livre de la Loi* de Crowley, et de *Ma Vie dans un Culte d'Amour*, une étrange autobiographie publiée en 1928 par l'ancienne Grande Prêtresse de « Oum l'Omnipotent », un barbier transformé en dirigeant d'un culte et qui s'appelait de son vrai nom Pierre Bernard. Plus étrange encore, *Le Livre des Ombres* contient un « chant rituel » prétendûment ancien, mais presque identique à un poème célèbre de Rudyard Kipling.

Des techniques occultes

Les techniques occultes décrites dans cet ouvrage sont tout aussi douteuses, et l'auteur présent pense qu'elles doivent au moins quelque chose à l'intérêt personnel du Dr Gardner pour une forme légère de flagellation et d'enchaînement. On y trouve, par exemple, une description détaillée de la manière dont on peut obtenir une « vision psychique » par un procédé comprenant l'utilisation de cordes à nœuds pour entraver la circulation sanguine.

Peu des groupes originels du culte Gardnerien ou de ses successeurs ont trouvé *Le Livre des Ombres* vraiment satisfaisant. Il était simplement trop limité, et certains de ceux qui utilisèrent ses rites pendant un certain temps commencèrent à les trouver ennuyeux et, en quête d'une tradition plus solide, ils se mirent à explorer la littérature du tantrisme, du Bouddhisme ésotérique et de la magie rituelle.

C'est ainsi que les membres d'au moins une assemblée parvinrent à créer une synthèse entre le tantrisme du Bengale (voir page 76) et la version de Gardner du culte de la fécondité exposé par Margaret Murray, en identifiant le dieu cornu du culte sorcier prétendûment médiéval à Shiva, le dieu danseur du tantrisme d'Inde, l'élément de forme dans l'univers physique.

Un développement plus typique fut l'apparition des assemblées portant allégeance à Alec Sanders, un flamboyant « Roi des Sorciers » qui affirmait avoir été initié par sa grand-mère, mais utilisait des rites d'initiation essentiellement Gardneriens. M. Sanders inclut dans son système des éléments provenant de Franz Bardon, un initié de l'OTO (voir page 140), de la *Clé de Salomon* (voir page 104), et de nombreuses autres sources.

Ci-dessous à gauche, des objets à l'apparence quelque peu étonnante, datant des années 1930, et qui seraient utilisés lors de conjurations par des initiés d'assemblées de sorciers modernes. Ci-dessous, la reproduction datant du siècle dernier de dessins tirés des Symboles Secrets des Rosicruciens *(publiés en 1785). Cet ouvrage curieux, qui semble avoir été inspiré par la « Croix Rose et Dorée » de l'alchimie, a influencé la renaissance de la magie au cours des cent dernières années, et plus particulièrement la tradition de l'Aube d'Or.*

LE SECRET DES SECRETS

Les initiés des différents groupes contemporains descendants ou influencés par le culte de Gardner (voir pages 146 à 149) ont tendance à se considérer comme les gardiens d'une sagesse traditionnelle que l'humanité a négligée, à ses risques et périls. D'un autre côté, certains adeptes d'autres formes d'occultisme, comme les Chrétiens orthodoxes, considèrent tous les « sorciers » et les « païens » actuels comme des pratiquants de la magie noire ou, au mieux, comme les victimes de magiciens noirs et de mystificateurs.

La plupart de ceux qui connaissent un peu la sorcellerie contemporaine n'ont pas jugé bon d'adopter l'un de ces points de vue extrêmes. Dans l'ensemble, disent-ils, les sorciers modernes ne pratiquent pas la magie noire, et ne sont pas non plus les gardiens de vérités éternelles. Ils sont, en essence, des chercheurs de la sagesse traditionnelle dont la quête est assez sincère, même si elle se caractérise parfois par un aspect un peu théâtral, voire même stupide.

Sociétés secrètes sinistres

On ne peut cependant pas nier qu'il existe aujourd'hui des temples, des assemblées et des

groupes – on peut les appeler comme on veut – dont les activités sont extrêmement sinistres. Pour des raisons évidentes, ces groupes opèrent sous un voile de secret, mais de nombreuses indications, sans doute impossibles à prouver devant un tribunal, montrent que des éléments de leurs procédures rituelles comprennent la drogue et le sadomasochisme. L'auteur présent a entendu de nombreuses rumeurs concernant ce genre d'associations magiques perverses, et il en écarte la plupart, mais pas toutes. Les lois sur la diffamation l'empêchent néanmoins de répéter en détails les affirmations qu'il a entendues. Il n'a cependant aucun doute quant au fait qu'il existe, aujourd'hui, des groupes essentiellement similaires à ceux avec lesquels l'écrivain Maria de Naglowska fut associée dans les années 1920 et 1930. Les idées de cette femme étaient, selon Julius Evola, un théoriste du fascisme italien que Heinrich Himmler détestait car il lui reprochait des activités occultistes, tirées de cercles secrets de Russie caucasienne. Sa doctrine, qu'elle-même et ses proches considéraient comme le secret des secrets, peut se résumer sommairement en « salut par le sexe ».

Les enseignements de Mme de Naglowska

Mme de Naglowska ne s'exprima jamais en des termes aussi simples. Elle enveloppait toutes ses déclarations dans le langage le plus obscur, rappelant parfois celui qu'utilisaient les alchimistes anciens et modernes (voir page 119).

Elle affirmait qu'il y avait dans la vie humaine un arc descendant, au nadir duquel « la femme domine l'homme et la matière incorpore l'esprit dans les profondeurs de ses entrailles ». Il s'agit du point décisif où l'humanité, et le cosmos dans son ensemble, peut soit sombrer dans une mort spirituelle, soit atteindre la vie éternelle. Lors de cette phase dangereuse du procédé la femme doit faire face, selon l'excellent résumé du Signor Ivola concernant ces enseignements dualistes russes, à l'esprit de « la victoire sur le mal par sa transformation en bien ».

La signification de tout cela en termes de techniques physiques peut être imaginée par les déclarations prudentes de Mme de Naglowska, selon lesquelles durant la première partie de l'opération, l'homme « doit rester sec jusqu'à la fin », que dans la deuxième phase, l'homme doit s'assurer que sa partenaire ne ressent aucun plaisir à l'accomplissement du « coïtus saint » lors duquel l'homme se sacrifie « au moment suprême », l'opération se concluant par une « pendaison d'initiation ».

Page de gauche, le Hall des Mystères à Pompei, datant d'avant 1979, année où cette ville fut ensevelie sous la lave et les cendres à la suite de l'éruption du Vésuve. Il y a des raisons de penser que les Mystères représentés sur cette peinture murale faisaient appel à des techniques similaires à celles que préconisait Mme de Naglowska. Ci-contre, une version du dix-neuvième siècle du Tetragramme, auquel certains occultistes prêtent une interprétation sexuelle.

PAYS FEERIQUES OUBLIES

On ne saura jamais avec une certitude absolue ce que décrivait Mme de Naglowska (voir page 151), et à quels procédés occultes exactement elle avait participé en les recommandant, de manière implicite ou explicite, aux lecteurs de ses livres. Car ses associés et elle-même ont disparu depuis longtemps.

Le présent auteur partage cependant l'opinion de Julius Evola, selon laquelle elle se serait livrée à des activités similaires à celles auxquelles participent encore aujourd'hui des cultistes obscurs, qui présentent de nombreux points communs avec les aspects les plus sombres des cultes tantriques gauchers indiens et bouddhistes (voir pages 76 à 95).

Un rite divin

Autrement dit, dans le cas des mystérieux procédés de Naglowska, comme dans celui des procédés similaires employés aujourd'hui, on se trouve dans le domaine de la magie sexuelle et, de plus, d'une variété très douteuse de magie sexuelle, qu'aucun Chrétien ne saurait considérer comme étant autre chose que de la magie noire.

Pourtant, seule une petite minorité de ceux qui ont utilisé cette technique et des techniques similaires, rituelles et autres, reconnaîtraient pratiquer la magie noire.

De leur point de vue, ils « éliminent les opposés », essayant de vaincre la chair par la chair, afin d'entrer dans le domaine de l'esprit. Comme me l'a expliqué un étudiant des connaissances interdites lors d'une conversation privée :

> *Vous m'avez dit un jour que quand vous jurez, vous pensez vraiment ce que vous dites. De la même manière, quand j'utilise telle ou telle technique, que vous appelez magie noire, j'ai* bien l'intention *d'utiliser la magie noire. Je le fais consciemment à des fins justes, et la fin justifie les moyens.*

Ce point de vue semblerait très défendable à la plupart des gens. Il faut pourtant préciser que pour un Catholique, cela témoigne d'une incompréhension totale de la véritable signification de l'expression « la fin justifie les moyens ».

Une reproduction d'une peinture murale d'une maison de plaisirs de Pompei. Certains pensent que des cultistes actuels, qui recherchent les connaissances interdites par des méthodes comme celles dont parlait Maria de Naglowska, se livrent encore à des pratiques sexuelles de ce genre.

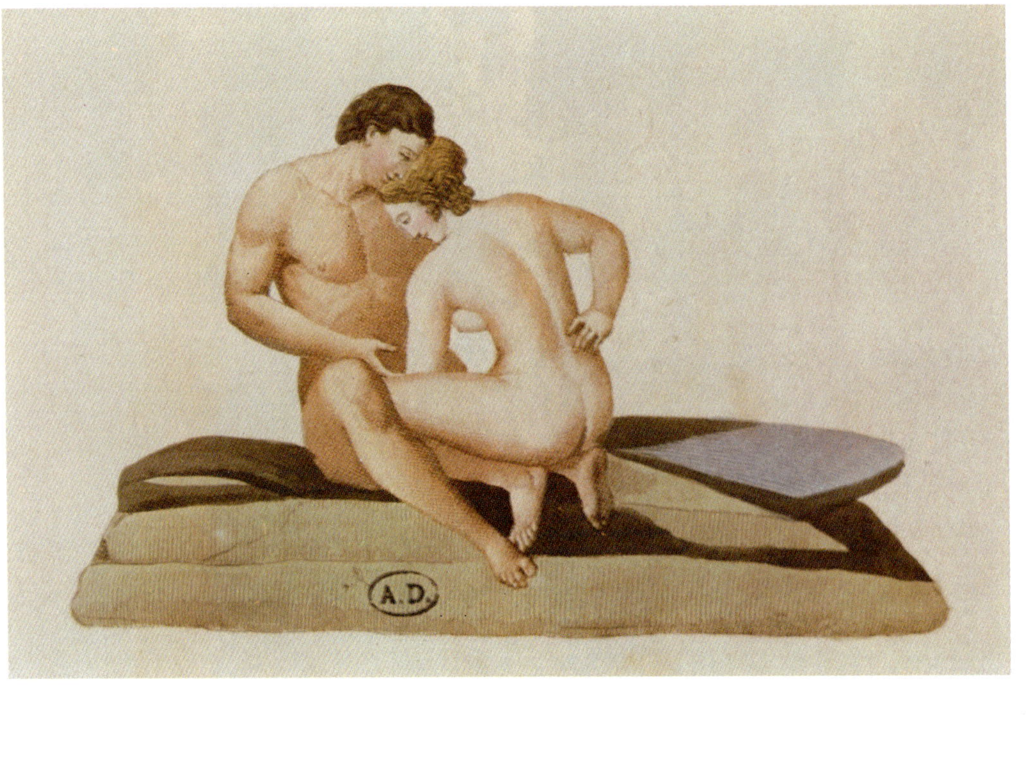

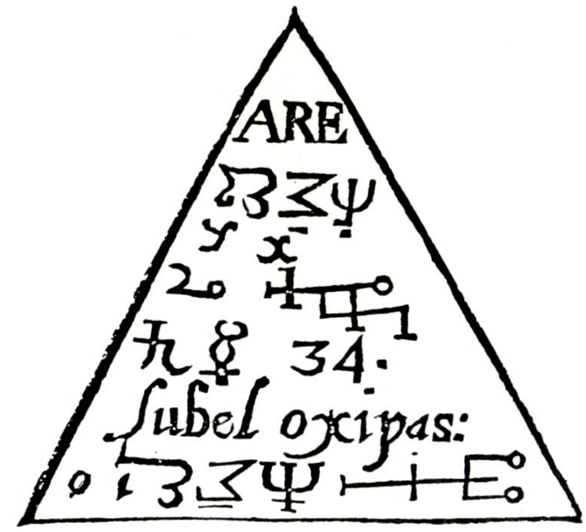

A gauche, une représentation imaginative du dix-neuvième siècle d'un démon félin nommé Flauros, l'un des nombreux habitants de l'enfer dont les noms et les caractérisques sont décrits en détails dans les grimoires. Selon les magiciens blancs actuels, ces créatures appartiennent aux mondes du glipoth — les sphères mauvaises et adverses faites des détritus expulsés de l'Arbre de Vie (ci-dessous) lorsqu'il émana du Non-manifeste lors de la Création.

La fin justifie-t-elle les moyens ?

On ne sait pas exactement quand cette expression fut employée pour la première fois, mais elle fut sans doute utilisée, ou une expression très semblable, par des casuistes jésuites réputés au dix-septième siècle. Contrairement à l'idée populaire, ces casuistes n'enseignaient pas que toute action était justifiée dans la mesure où elle permettait d'atteindre le but recherché.

Ce qu'ils enseignaient, à la suite de Suarez et d'autres philosophes, était ceci : si certaines actions humaines, comme le viol ou le meurtre, sont intrinsèquement mauvaises, et si d'autres, comme l'enterrement chrétien d'un corps, sont intrinsèquement bonnes, l'immense majorité des activités humaines sont moralement neutres. Que, par exemple, l'action de marcher ne présente *en elle-même* aucun caractère bon ou mauvais.

Par conséquent, c'est le fait de savoir si un homme marche dans un but bon ou mauvais qui décide de la moralité de l'action. En fonction de cet argument, on ne saurait justifier le recours à des techniques magiques, même si le but recherché est souhaitable. Car ces techniques ne sont pas moralement neutres (voir page 11) et ceux qui les utilisent risquent la damnation éternelle.

Bibliographie

Amberlain Robert, *Les Arcanes noires de l'hitlérisme. 1848-1945.* 24 x 15,5, 384 p., Laffont. « Les Enigmes de l'univers ».

Arundale George S., *Kundalini : An Occult Experience,* TPH, Adyar, 1962.

Bayard Jean-Pierre, *La Spiritualité de la Rose-Croix. Histoire, tradition et valeur initiatique,* une étude de la confrérie, née en 1617 en Allemagne. 21 x 15. br. Dangles. « Horizons ésotériques ».

Bharati Agehananda, *The Tantric Tradition,* Rider, London, 1965.

Blavatsky H.P., *La Doctrine secrète,* 23,5 x 15,5, 316 p., br. (Adyar).

Bonvin Jacques et Trilloux Paul, *Eglise romane, lieu d'énergie. Pour une géobiologie du sacré,* une étude du sacré se fondant sur les ressources de la géobiologie. Dervy. « Les Guides de la tradition ».

Bourgeois Isabelle et Mervin Sabrina, *Le Guide de l'occulte,* plus de quatre cents adresses de professionnels, avec une « note » et un commentaire. 276 p., br. (Lebaud).

Charrière Christian, *Paroles de pierres,* Un chemin d'accomplissement à travers la sculpture sacrée du Moyen Age. 21 x 21, l'Aire Libre « Ascendances ».

Cohn Norman, *Europe's Inner Demons,* Sussex University Press, 1875.

Ellkevel Yrène, *Les Sciences occultes. Les mots secrets de A à Z,* les arts divinatoires et autres sciences occultes révélées, d'Abeille à Zoroastre. Avec plus de cent cinquante dessins. 24 x 17, 288 p., ill., br. De Vecchi, « Esotérisme ».

Eyssalet J.-M., *Le Secret de la maison des ancêtres,* la suite de *Shen ou l'Instant créateur.* Une exploration des formules et des directions indiquées par la pensée traditionnelle chinoise pour situer la genèse de l'être humain. 24 x 16, 657 p., cahier photos, br. Trédaniel-La Maisnie.

Fortune Dion, *The Mystical Quabalah,* William & Norgate, London, 1935.

Hoffman Helmut, *The Religions of Tibet,* Allen & Unwin, London, 1961.

Krishna Gopi, *The Awakening of Kundalini,* Dutton, New York, 1975.

Krishnamurti, *La Vérité et l'événement,* Rocher, Krishnamurti.

Lorber Jacob, *L'Evêque Martin,* l'évolution d'une âme dans l'au-delà : des changements se produisent dans l'âme de l'évêque Martin et le mènent finalement vers les mondes supérieurs des sphères célestes. 24 x 16, 448 p., br. (Hélios, diff. Dervy).

Riviere Patrick, *Les Secrets du Graal,* une étude sur cette quête initiatique, symbole d'amour, moyen de révélation de la connaissance suprême... 24 x 17, 160 p, De Vecchi, « Esotérisme ».

Walker Bejamin, *Sex and the Supernatural,* Macdonald, London, 1970.

Wilson Colin, *L'Occulte,* un ouvrage de référence sur les phénomènes occultes. 432 p., br. Lebaud.

Woodroffe, Sir John, *The Great Liberation,* Ganesh, Madras, 1951.

Index

Crédits Photographiques

Les éditeurs souhaitent remercier les personnes suivantes pour leur contribution à cet ouvrage. Tous les efforts ont été effectués pour retrouver les détenteurs des droits sur toutes ces photos, mais nous présentons toutes nos excuses en cas d'omission involontaire, qui serait rectifiée dans les éventuelles éditions ultérieures de ce livre.

Archaeological Survey of India, New Delhi 80 droite ; Biblioteca Nazionale Marciana, Venice 117 haut droite ; Bodleian Library, Oxford 42 ; The Bridgeman Art Library, London 28 (Naples Museum), 30-1 (British Museum, London), 47 gauche *(Madame de Montespan as Diane Chasseresse* par Beaubrun, Château Versailles/ Giraudon, Paris), 54 *(Pegasus Triomphant* par Odilon Redon, Rijksmuseum Kröller-Müller, Otterlo), 62 *(Voodoo Objects* par Jacques Gourgue, Private Collection), 68 *(Voodoo Ceremony around a Tree* par Gerard Valcin, Private Collection), 71 bas *(Damballah la Flambeau and Jean Dantor and Erzulie Freda* par André Pierre, Private Collection), 78 gauche (Gulbenkian Museum of Oriental Art, Durham), 93 haut (Victoria & Albert Museum, London), 94 (Victoria & Albert Museum, London), 135 haut *(Vampire* par Edvard Munch, copyright Munch Museum, Oslo), 150-1 (Museo e Gallerie Nazionali di Capodimonte, Naples) ; British Library, London 107 droite ; reproduit par courtesy of the Trustees of the British Museum, London 29, 46 ; Camera Press, London 11, Jon Blair 95 haut, Harold Emert 95 bas, Guido Mangold 63 haut, 71 haut, David Tindall 65 bas, 66 ; C. M. Dixon, Photo Resources, Canterbury 80 gauche (Victoria & Albert Museum, London), 92 (Victoria & Albert Museum, London), 114 (Vatican Museums) ; Mary Evans Picture Library, London 15 bas, 20, 23, 33, haut, 59 gauche, 61, 85 haut et bas, 100 (d' *Atlanta* par Sir Gerald Hargreaves, publié par Hutchinson, London, 1949), 101 haut, 101 bas (cover of *Fate,* July 1953, copyright Llewellyn Worldwide Ltd, St Paul), 102 (d' *Atlanta* par Sir Gerald Hargreaves), 105 bas, 111 haut droite, 138, 147 gauche, 152 ; *Evening Standard,* London/JAK 146 ; Werner Forman Archive, London 83 haut ; Werner Forman Archive (Philip Goldman Collection, London) 77 gauche, 79, 81, 82, 83 bas droite, 86 ; Photographie Giraudon, Paris 45, 47 bas droite, 121 haut ; Robert Harding Picture Library, London 25 bas, Leimbach 73, David Lomax 63 bas, 68-9, Walter Rawlings 9 (La Fonda De Taos, New Mexico) ; Michael Holford, Loughton 19 gauche (Gerald Yorke Collection), 22 (Gerald Yorke Collection), 24 British Museum, London), 33 bas (British Museum, London), 57 droit (Private Collection), 59 droit (Gerald Yorke Collection), 88 (Victoria & Albert Museum, London), 95 bas (British Museum, London) ; Images Colour Library, Leeds 7, 8 haut et bas, 10, 12, 17, 18, 19 droite, 21 bas, 25 haut, 26, 27, 34, 35, 37 haut, 38, 40, 41 haut et bas, 44, 51 bas, 52, 55 droite, 103 gauche et droite, 107 gauche, 110, 111 gauche et bas droite, 112, 117 gauche et bas droite, 118 gauche et droite, 119, 120, 121 bas, 122, 123 gauche et droite, 124, 125 gauche et droite, 126, 127 haut et bas, 129 gauche, 130, 131 (all four), 132, 133 haut et bas, 136, 137 haut et bas, 139 haut, 141 gauche et droite, 142, 143 gauche et droite, 144, 145 gauche et droite, 147 droite, 148 gauche et droite, 149 gauche et droite, 151, 153 gauche et bas droite ; Francis King 21 haut, 89, 106 ; Kobal Collection, London 48, 49 droite, 134 ; London Features International 39 ; Magnum Photos, London/S. Salgado Jnr 72, 74, 75 haut ; Mansell Collection, London 32, 50, 53 gauche et bas droite, 90, 91, E. O. Hoppé 16 ; National Film Archive, London 135 bas ; reproduit par courtesy of the Trustees, The National Gallery, London 49 gauche *(An Astrologer* by Cornelis Bega) ; Octopus Group Limited 37 bas gauche (Glasgow University Library), 55 gauche, 56 (Huysmans Society of Brussels), 57 gauche, 105, 108 gauche (Glasgow University Library), 108 droite, 109, 113 bas, 128, 129 droite, John Freeman 37 bas droite *(Los Garrichos* par Goya), Michael Holford 31 bas (British Museum, London), John Webb 6 *(The Fallen Angels entering Pandemonium* par John Martin, Tate Gallery, London), 77 bas droite (Victoria & Albert Museum, London), 84 (Victoria & Albert Museum, London) ; Ann and Bury Peerless, Birchington-on-Sea 87 droite ; Roger-Viollet, Paris 51 haut ; Syndication International, London 13 haut et bas, 43, 60 *(The Treasures of Satan* par Jean Delville, Collection Musées Royaux des Beaux-Arts de Belgique, Bruxelle), 64, 65 haut, 67 haut, 67 bas *(Vodun Ceremony* par Lovisor Ernst, Dr Daniel Crowley Collection), 69, 70 (Caroline Legerman), 78 droite (Ashmolean Museum, Oxford, Department of Eastern Art), 87 gauche, 97, 99 haut et bas ; par courtesy of the Board of Trustees of the Victoria & Albert Museum, London 93 bas ; Zefa Picture Library, London 14, 15 haut, 58.